SUSANN KREIHE

Grill-Salate

DIE PERFEKTEN SALATE ZUM GRILLEN

CHRISTIAN

Inhalt

Vorwort

Soll ich was zum Grillen mitbringen?

Wie oft haben Sie diese Frage schon selbst gestellt oder gestellt bekommen? Wahrscheinlich schon sehr oft. Mir geht es genauso! Gemeint ist mit der Frage nach dem Mitbringsel ein Salat, der die Grilltafel um eine Köstlichkeit bereichert.

Beim Grillen ist das, was auf den Rost kommt, der Hauptdarsteller. Darüber sind wir uns sicher einig. Aber ohne die Vielzahl an Salaten wäre die Tafel nicht komplett.

Ganz klar, dazu gehören Klassiker – Kartoffelsalat, Nudelsalat, Couscous-Salat, Tomatensalat. All diese Salate finden Sie natürlich hier im Buch unter »Klassiker«. Allen Nudelsalat-Fans empfehle ich das Kapitel »Nudelsalate«. Darin zehn Varianten mit einem Last-minute-Rezept, das Sie in der Not rettet.

Im Kapitel »Sattmacher-Salate« werden Hülsenfrüchte, Getreide und Kartoffeln in genialen Kombinationen mit viel Gemüse aufgetischt.

Dass Blattsalate oft unterschätzt werden, ist ab heute Geschichte! Jeder Blattsalat kommt mit einem besonderen Detail daher. Zudem lesen Sie auf Seite 10, wie das Grün besonders lange knackig bleibt. Zu guter Letzt dürfen die Gemüsesalate nicht fehlen, grandios lecker und kreativ kombiniert.

Ach ja, wenn Sie auch Gurkensalat-Fan sind … probieren Sie sich unbedingt durch meine Lieblingssalate ab Seite 142.

Ihre

Susann Kreihe

Intro

So wirds richtig lecker

Ein guter Salat besteht aus zwei Hauptkomponenten: den Salatzutaten und dem Dressing.

**ALS FAUSTFORMEL GILT:
JE ZARTER DER SALAT, DESTO LEICHTER SOLLTE DAS DRESSING SEIN.**

Umgekehrt vertragen Rohkost-, Nudel- oder Kartoffelsalate eine kräftigere und gehaltvollere Salatsauce.

Damit Sie immer das richtige Dressing zur Hand haben, finden Sie ab Seite 14 eine Auswahl. Viele Rezepte in diesem Buch werden mit einer dieser Salatsaucen oder einer Variante davon zubereitet. Einige Rezepte haben auch ihre eigenen, typischen Dressings. Die Dressings auf den Seiten 14–18 lassen sich gut vorbereiten, in Schraubgläser füllen und im Kühlschrank 2–3 Tage aufbewahren.

Übrigens: Sie müssen sich bei den Rezepten nicht strikt an die von mir ausgewählten Dressingvorschläge halten. Betrachten Sie die Salatsauce als passenden, geschmacklich harmonischen Vorschlag. Wenn Sie ein cremiges Dressing bevorzugen, tauschen Sie es einfach gegen die angegebene Vinaigrette aus. Oder umgekehrt.

Blattsalate vertragen milde bis leicht würzige Salatsaucen, jedoch sollten sie nicht zu »schwer« sein, da die zarten Salatblätter darunter zusammenfallen könnten. Ein French Dressing würde einen Feldsalat nahezu erschlagen und rasch zusammenfallen lassen. Dazu kommt, dass die zarten Aromen des Feldsalates nicht gegen die würzige, cremige Sauce ankommen würden.

Egal ob leichte Vinaigrette für Rucola oder würziges Joghurtdressing für Eisbergsalat, der Salat sollte frisch sein und schön knackig. Wie das am besten gelingt?

Küchentipps für Blattsalate

Besonders knackig und frisch werden bzw. bleiben Salatköpfe, wenn sie bereites 1–2 Tage vor der Zubereitung geputzt und gewaschen werden. Anschließend in der Salatschleuder trockenschleudern, mit einer kleinen Restfeuchte in eine verschließbare große Vorratsdose füllen und im Gemüsefach im Kühlschrank aufbewahren. Das übrige Wasser, das vom Waschen an den Salatblättern haften bleibt, verhindert nicht nur das Welken der Blätter, vielmehr versorgt es den Salat mit Feuchtigkeit und macht ihn schön knackig.

Gehen Sie beim Putzen vorsichtig vor. Schneiden Sie zunächst den Strunk keilförmig heraus, vereinzeln Sie die Blätter behutsam und achten Sie darauf, dass sie beim Waschen nicht knicken oder reißen. Jeder Knick im Salatblatt verfärbt sich mit der Zeit rötlichbraun und der Salat beginnt dort zuerst zu welken oder zu vergammeln.

Blattsalate können, wie beschrieben vorbereitet, im Kühlschrank aufbewahrt werden. Am besten von Zeit zu Zeit kontrollieren und welke Blätter aussortieren. Zarte Salate haben eine kürzere Haltbarkeit von 2–3 Tagen, knackigere und festere Sorten hingegen bleiben bis zu 1 Woche frisch. Damit die Salate einige Zeit knackfrisch auf dem Büfett stehen können, die Blätter erst kurz vor dem Anrichten bzw. Servieren mit dem Dressing locker umhüllen.

Bei den Rezepten sehen Sie, dass ich viele davon auf Platten oder in breiten Schalen angerichtet habe. Der Vorteil dieser lockeren, luftigen Anrichtweise ist, dass der Salat Platz hat, die Blätter kleben nicht aneinander und bleiben länger frisch und knackig.

Tipp: Ein Topping geht als Extra immer. Seien es Nüsse, Samen und Kerne oder auch Croûtons, gebratene Früchte, geröstete Zwiebeln, sie alle verleihen einem Blattsalat einen besonderen Touch. Vor allem knackige Komponenten geben zarten Strukturen den geliebten Biss.

Tipps für feste Salate

Wenn der Salat eine festere Struktur hat, wie zum Beispiel. Rohkostsalate, Salate mit Hülsenfrüchten oder Nudelsalate, braucht er ein kräftiges Dressing und vor allem viel Sauce. Außerdem sollten diese Salate im Idealfall gut durchziehen können, da sie dadurch aromatischer und runder im Geschmack werden.

Hülsenfrüchte sind eiweißreich, sättigen gut und bereichern die Gerichte mit ihrem feinen Biss. Wer auf vorgekochte Produkte verzichten möchte, weicht die Hülsenfrüchte über Nacht in reichlich kaltem Wasser ein. Am nächsten Tag abgießen und in der dreifachen Menge frischen Wassers garen. Durch das Einweichen verkürzt sich die Garzeit. Gesalzen werden Hülsenfrüchte beim Garen nicht, denn Salz kann die Garzeit verlängern. Beim Selberkochen lohnt es sich, eine größere Menge zu garen und die abgekühlten Kichererbsen, Bohnen oder Linsen einzufrieren. So haben Sie zu jeder Zeit einen Vorrat zur Hand – wenn etwa ein Grillabend ansteht.

Liebling »Nudelsalat«

Nudelsalate gehören zu Recht zu den beliebtesten Grillbeilagen und es gibt sie in so vielen Variationen wie Pastasorten im Supermarkt. Bei der Zusammenstellung dieses Kapitels musste ich mich am Ende auf eine Auswahl beschränken, denn auch dieses Buch ist »endlich«.

Jeder der Nudelsalate ab Seite 74 ist ein kleines Festmahl und dient als Inspiration für die nächste Grillparty. Ich bin gespannt, welchen Sie als Erstes zubereiten werden.

Bei den Nudelsorten bevorzuge ich kleine bis mittelgroße Sorten. Große Nudeln, wie beispielsweise große Muschelnudeln, schlucken zu viel Salatsauce in den Vertiefungen. Alle anderen Salatzutaten, zum Beispiel Gemüse, sollten in etwa auf die Größe der gewählten Nudelsorte geschnitten werden. Das ergibt optisch und geschmacklich ein harmonisches Bild.

Die Nudeln sollten immer in gut gesalzenem Wasser gekocht werden, da sie sonst in der Salatsauce zu mild schmecken. Außerdem empfehle ich, sie nur bis knapp vor bissfest zu kochen, damit sie auch beim Durchziehen über Nacht nicht matschig werden.

Dressings: Süße, Säure und Salz im Gleichgewicht halten

Dressings dürfen ruhig kräftig sein, denn die Salatzutaten nehmen einiges an Würze auf. Deshalb ist es wichtig, das fertige Dressing gut abzuschmecken.

Bei der Wahl der Säurekomponente sollten Sie beachten: Essig ist nicht gleich Essig. Je nach Säuregehalt und Basis, also Wein, Schnaps oder Äpfel, kann er mild-würzig bis beißendsauer schmecken. Durch Zugabe von Wasser, Brühe oder Säften lässt sich Essig mildern. Auch Zucker, Honig, Ahornsirup oder andere Süßungsmittel helfen, ein harmonisches Gleichgewicht zwischen Süße und Säure herzustellen.

MEIN GEHEIMTIPP IST, EINEN KLEINEN SCHUSS SOJASAUCE INS DRESSING ZU GEBEN. DAS VERLEIHT NAHEZU JEDEM DRESSING EINE GANZ BESONDERE NOTE.

Auch Salz ist nicht gleich Salz. Siedesalz oder Meersalz, grob oder fein gemahlen, die Würzkraft von Salz unterscheidet sich sehr. Gehen Sie deshalb mit Salz behutsam um und würzen Sie nach und nach. Mit Kräutern sollte Sie dagegen nicht geizen, sie geben jedem Salat ein würziges Aroma.

Gemüse gekonnt zubereiten

Die Schnittform von Gemüse beeinflusst das Mundgefühl und den Geschmack. Je fester ein Gemüse ist, hier vor allem Rohkost, desto feiner schneide ich es. Karotten, Kohl oder Sellerie würfle ich klein oder schneide sie in feine Streifen. Für Julienne verwende ich am liebsten einen Julienneschneider, das ist ein Sparschäler mit kleinen Messern an der Klinge, die gleichmäßig dünne Streifen abziehen. Auch ein Spiralschneider (eine Mandoline oder Küchenhobel mit verschiedenen Aufsätzen) ist hier Gold wert. Ansonsten hat vielleicht Ihre Küchenmaschine einen passenden Aufsatz.

Der Körper reagiert sehr unterschiedlich auf Rohkost. Wer zum Beispiel Kohlsorten roh (von Brokkoli bis Weißkohl) nicht verträgt, kann das geschnittene Gemüse kurz blanchieren oder in der Pfanne anschwitzen. Zucchini oder Kürbis können auch roh gegessen werden, schmecken aber besonders lecker, wenn sie angebraten werden.

Fleisch und Fisch werden Sie in diesem Buch übrigens nicht finden, und das hat seinen Grund: Ob beim Grillabend zu Hause oder bei der Einladung zum BBQ – die Gastgebenden warten mit einer feinen und leckeren Auswahl an Fleisch, Geflügel, Fisch und Meeresfrüchten auf (auch wenn Gemüse und vegetarische oder vegane Grillgerichte mittlerweile zum festen Bestandteil auf dem heißen Rost gehören). Deshalb habe ich bewusst auf Fleisch, Speck, Schinken und Ähnliches verzichtet. Die Salate punkten durch ihre pflanzlichen Zutaten: Gemüse in allen Variationen und aus allen Jahreszeiten, kombiniert mit Hülsenfrüchten, Kartoffeln, Nudeln oder Obst. Würzige Salatsaucen, Toppings und frische Kräuter runden das Ganze ab.

Kreativität ist erwünscht

Bei den Rezepten in diesem Buch, die Sie alle wie angegeben ausprobieren können und sollen, möchte ich Sie anregen, Zutaten auszutauschen, mit Kräutern zu variieren oder Salatsaucen und Gewürze Ihren Vorlieben anzupassen. Kaum ein Gericht ist so variabel wie ein Salat. Nehmen wir den Kartoffelsalat. Hier scheiden sich die Geister schon an der richtigen Sorte. Linda, Annabelle, Sieglinde ... welche Sorte mögen Sie am liebsten? Beim süddeutschen Kartoffelsalat mit Brühe stellt sich die Frage, ob man das Öl gleich am Anfang dazugibt oder erst, wenn der Salat gut durchgezogen ist. Oder wird ein »richtiger« Kartoffelsalat doch mit Mayonnaise zubereitet? Gekauft oder selbst gemacht, mit Joghurt gestreckt oder nicht? Also seien Sie gnädig mit mir, wenn ich hier meine Variante veröffentliche, die Ihrer vielleicht nicht gleichkommt. Es lohnt sich immer, etwas Neues auszuprobieren.

Anrichten

Salate können auch optisch etwas hermachen. Statt klassisch in einer Schüssel können sie zum Beispiel auf einer großen Platte oder in kleinen Schälchen angerichtet werden. Beides hat seine Berechtigung.

Große Teller oder Platten haben bei Blattsalaten den Vorteil, dass die Blätter luftig liegen und nicht so schnell zusammenfallen. Ein weiterer Pluspunkt ist die große Fläche, die Salate auf Platten bieten, weil man sie schön dekorieren kann. Ich denke da zum Beispiel an Nüsse, Kerne, frische Kräuter, Croûtons und Ähnliches.

Kleine Portionsschälchen sind praktisch, wenn der Salat mit viel Dressing mariniert und dadurch etwas flüssiger wird. Der Rote-Bete-Linsen-Salat auf Seite 63 oder der Kichererbsensalat auf Seite 64 sind zwei Beispiele.

Dressings im Überblick

Bestes Alltagsdressing

Für 250 ml

50 ml Weißweinessig
1 EL feiner Dijonsenf
1 EL flüssiger Honig oder Zucker
1 gestr. TL Salz
2 Prisen frisch gemahlener Pfeffer
150 ml Olivenöl

Den Essig in einem hohen Gefäß mit 50 ml Wasser, dem Senf, dem Honig oder dem Zucker, dem Salz und dem Pfeffer verrühren.

Das Olivenöl zugeben und die Zutaten mit einem Pürierstab zu einem sämigen Dressing mixen.

Alternativ alle Zutaten mit dem Schneebesen in einer Schale verrühren.

Zum Aufbewahren in ein sauberes Schraubglas füllen, verschlossen im Kühlschrank lagern und innerhalb 8–10 Tagen verbrauchen.

VARIANTE: ITALIAN DRESSING
Das Alltagsdressing zusätzlich mit 1 abgezogenen Knoblauchzehe, ½ TL getrocknetem Oregano, 1 EL gehackter, frischer Petersilie und 1 EL gehacktem, frischem Basilikum zubereiten. Der Knoblauch und die Kräuter können mit püriert oder fein gehackt zum Dressing gegeben werden.

Balsamico-dressing

Für 200 ml

50 ml Aceto balsamico di Modena
1 EL feiner Dijonsenf
2 EL flüssiger Honig
100 ml Olivenöl
½ TL Salz

Alle Zutaten in einer Schüssel mit dem Schneebesen verrühren.

Das Dressing in eine Flasche füllen, diese verschließen und gekühlt aufbewahren. Das Dressing ist mehrere Wochen haltbar.

TIPP
Zum Verfeinern zum Beispiel 1 fein gehackte Knoblauchzehe, 1 TL gehackten frischen Thymian oder Rosmarin oder ½ TL getrockneten Oregano zugeben.

Mildes Kräuterdressing

Für 250 ml

4 Stängel frische Petersilie
2 Zweige frischer Thymian
50 ml Apfelessig
2 TL Zucker
1 TL grober Dijonsenf
½ TL Salz
100 ml Rapskernöl
1 Bund Schnittlauch

Die Kräuter waschen und trockenschütteln.

Die Blätter der Petersilie und des Thymians abzupfen und zusammen mit dem Apfelessig, 50 ml Wasser, dem Zucker, dem Senf und dem Salz fein pürieren.

Das Öl zugeben und kurz untermischen. Den Schnittlauch in feine Röllchen schneiden und mit dem Dressing verrühren.

Das Dressing in eine Flasche füllen, diese verschließen und gekühlt aufbewahren. Das Dressing ist etwa 1 Woche haltbar.

Fruchtiges Dressing

Für 300 ml

100 ml Rapsöl
50 ml Apfelessig (oder anderer Fruchtessig)
75 g Fruchtpüree (aus pürierten Früchten wie Aprikosen, Pfirsichen, Himbeeren …)
2 TL flüssiger Honig (oder alternative Süßungsmittel wie Ahornsirup, Dattelsirup …)
100 ml Fruchtsaft (passend zur Frucht, z. B. Orangensaft, Kirschsaft …)
2 Prisen Salz
2 Prisen frisch gemahlener Pfeffer

Alle Zutaten in einem hohen Gefäß mit dem Pürierstab sämig aufmixen und in ein sauberes Schraubglas füllen. Verschlossen im Kühlschrank aufbewahren und innerhalb 1 Woche verbrauchen.

INFO

Für das Fruchtpüree reife Früchte vorbereiten und fein pürieren. Alternativ tiefgekühlte und aufgetaute Früchte verarbeiten. Ersatzweise 1 gut gehäuften EL Konfitüre verwenden und den Zucker nach Geschmack reduzieren.

French Dressing

Für 300 ml

1 Zweig frischer Rosmarin
3 Stängel frisches Basilikum
1 Knoblauchzehe
1 Eigelb
1 TL mittelscharfer Senf
1 EL Aceto balsamico
1 EL Apfelessig
200 g süße Sahne
½ TL Salz
2 Prisen frisch gemahlener Pfeffer
100 ml Speiseöl

Die Kräuter waschen, trockentupfen und die Blätter abzupfen. Den Knoblauch abziehen.

Das Eigelb mit dem Senf, den Kräutern, dem Balsamico, dem Apfelessig, der Sahne, dem Knoblauch, dem Salz und dem Pfeffer in ein hohes Gefäß geben. Mit dem Pürierstab glatt mixen.

Das Öl langsam einlaufen lassen und die Zutaten zu einem cremigen Dressing mixen.

Das Dressing in eine Flasche füllen, diese verschließen und gekühlt aufbewahren. Das Dressing innerhalb 1–2 Tagen verbrauchen.

Sesamdressing

Für 150 ml

2 EL Sesamsamen
½ unbehandelte Zitrone
4 EL Reisessig
2 Prisen Salz
2 EL Ahornsirup
8 EL Sesamöl
2 Prisen frisch gemahlener Pfeffer

Die Sesamsamen in einer Pfanne ohne Fettzugabe anrösten, bis sie duften. Anschließend abkühlen lassen.

Die Zitrone heiß waschen, trockentupfen und die Schale als Zesten dünn abziehen.

Den Reisessig mit dem Salz, dem Ahornsirup, dem Sesamöl, dem Pfeffer und den gerösteten Sesamsamen in ein Schraubglas füllen, verschließen und kräftig schütteln.

Falls es nicht sofort verwendet wird, kann das Dressing im Kühlschrank aufbewahrt werden. Innerhalb 1–2 Wochen verbrauchen.

VARIANTE

Für eine cremige Variante zusätzlich 1–2 TL helles Tahin (Sesammus) unterrühren.

Joghurtdressing

Für 250 ml

150 g Naturjoghurt
Saft von ½ Zitrone
1 Prise Zucker
1 EL milder Senf
1 EL Aprikosenkonfitüre
½ TL getrockneter Thymian
½ TL getrockneter Oregano
2 Prisen Salz
2 Prisen frisch gemahlener Pfeffer

Alle Zutaten in einem hohen Gefäß mit dem Pürierstab sämig aufmixen.

Das Dressing in ein sauberes Schraubglas füllen, dieses verschließen und im Kühlschrank aufbewahren. Das Dressing innerhalb 1 Woche verbrauchen.

TIPP

Das Dressing kann zusätzlich mit 1 gehackten Knoblauchzehe und 1–2 EL gehackten frischen Kräutern verfeinert werden.

Klassiker

Schwäbischer Kartoffelsalat

Für 4–6 Personen
Zubereitungszeit: 30 Minuten
Garzeit: ca. 30 Minuten
Durchziehen: 2 Stunden (oder über Nacht)

1 kg festkochende Kartoffeln
1 Zwiebel
ca. 350 ml Gemüsebrühe
4 EL Weißweinessig + nach Geschmack mehr
2 TL mittelscharfer Senf
Salz
1 TL Zucker + nach Geschmack mehr
2 EL Rapsöl
frisch gemahlener Pfeffer

Die Kartoffeln mit Schale gründlich waschen und in einem Topf knapp mit Wasser bedeckt als Pellkartoffeln gar kochen.

Die Zwiebel abziehen und würfeln.

Die Brühe mit der Zwiebel, dem Essig, dem Senf, 1 TL Salz und dem Zucker in einem Topf aufkochen und 5 Minuten leise köcheln lassen.

Die Kartoffeln abgießen, kurz kalt abschrecken und pellen. Noch warm in Scheiben schneiden und in eine Schüssel geben.

Die Brühe heiß über die Kartoffeln gießen und diese behutsam in der Brühe schwenken. Abgedeckt 2 Stunden oder auch über Nacht durchziehen lassen.

Zuletzt den Kartoffelsalat abschmecken und nach Bedarf mit Salz, Zucker oder Essig nachwürzen. Zuletzt das Öl und etwas frisch gemahlenen Pfeffer untermischen und servieren.

Schwäbischer Kartoffelsalat

VARIANTE: KARTOFFEL-GURKEN-SALAT
Eine Salatgurke waschen, längs halbieren und in schmale Streifen oder dünne Scheiben schneiden. Etwas einsalzen, danach 10 Minuten Wasser ziehen lassen. Anschließend abgießen und unter den Kartoffelsalat heben. Ein Bund in Röllchen geschnittenen Schnittlauch untermischen.

VARIANTE: KARTOFFELSALAT MIT ENDIVIE
Einen kleinen Kopf Endiviensalat waschen, trockenschleudern und in mundgerechte Stücke zupfen oder in Streifen schneiden. Die Hälfte der Salatblätter unter den noch warmen Kartoffelsalat heben und etwa 2 Stunden durchziehen lassen. Den übrigen Salat kalt stellen und kurz vor dem Servieren untermischen.

VARIANTE: KARTOFFEL-FELDSALAT
100 g Feldsalat verlesen, putzen, waschen und trockenschleudern. Den Kartoffelsalat mit Kürbiskernöl statt Rapsöl vermengen. Die Feldsalatröschen erst kurz vor dem Servieren unter den durchgezogenen Kartoffelsalat heben.

VARIANTE: KARTOFFELSALAT MIT KÜRBISKERNÖL
Den Kartoffelsalat mit Kürbiskernöl statt Rapsöl und zusätzlich 3 EL gerösteten Kürbiskernen verfeinern.

Norddeutscher Kartoffelsalat

Für 4–6 Personen
Zubereitungszeit: 30 Minuten
Garzeit: ca. 35 Minuten

1 kg festkochende Kartoffeln
1 Zwiebel
1 Apfel
3–4 Gewürzgurken
+ 100 ml Gurkenwasser
1 Bund Schnittlauch
½ Bund Dill
150 g Mayonnaise
100 g Naturjoghurt
2 TL mittelscharfer Senf
Salz
frisch gemahlener schwarzer Pfeffer
2 Prisen Zucker

Die Kartoffeln mit Schale gründlich waschen und in einem Topf knapp mit Wasser bedeckt als Pellkartoffeln gar kochen.

Inzwischen die Zwiebel abziehen und würfeln. Den Apfel waschen, vierteln, entkernen und ebenfalls würfeln. Die Gewürzgurken klein schneiden. Den Schnittlauch und den Dill waschen, trockentupfen und klein hacken.

Für das Dressing die Mayonnaise mit dem Joghurt, dem Senf, 1 TL Salz, 2–3 Prisen Pfeffer, dem Zucker und dem Gurkenwasser verrühren.

Die Kartoffeln abgießen, kurz kalt abbrausen und pellen. In Scheiben schneiden, in eine Schüssel geben, lauwarm abkühlen lassen und mit dem Dressing vermengen.

Zuletzt den Apfel, die Zwiebel, die Gewürzgurken und die Kräuter unterheben und den Kartoffelsalat mit Salz und Pfeffer abschmecken und servieren.

TIPP

Wie alle Kartoffelsalate schmeckt auch diese Variante gut durchgezogen am nächsten Tag noch aromatischer. Kurz vor dem Servieren etwas Brühe oder einen Schuss Milch zugeben, so wird der Salat wieder schön sämig.

Schichtsalat

Für 8 Personen
Zubereitungszeit: 30 Minuten

1 Kopf Salat nach Belieben (z. B. Eichblatt, Kopfsalat, Eisberg)
2 Salatgurken
6 Tomaten
500 g Weintrauben
3 EL Zucker
100 g Walnusskerne
4 Zweige frischer Thymian
200 g Ziegenfrischkäserolle
300 ml French Dressing (siehe Seite 17)

Eine große Glasschüssel bereitstellen. Den Salat putzen, waschen, trockenschleudern und in mundgerechte Stücke zupfen. Die Gurken waschen und würfeln. Die Tomaten waschen, die Blütenansätze entfernen und das Fruchtfleisch in Scheiben schneiden. Die Weintrauben von den Stielen zupfen und nach Belieben halbieren und entkernen.

Nun Salat, Gurken, Tomaten und Weintrauben in die Glasschüssel einschichten und kalt stellen.

Inzwischen den Zucker in einer Pfanne bei mittlerer Temperatur karamellisieren, die Walnusskerne zugeben und darin schwenken, bis sie mit Karamell ummantelt sind. Auf einem Stück Backpapier verteilen und abkühlen lassen.

Den Thymian waschen, trockentupfen und die Blättchen von den Stielen zupfen. Den Ziegenfrischkäse, die Walnusskerne und den gezupften Thymian auf dem Salat verteilen und das Dressing darübergießen. Vor dem Servieren alle Zutaten vermengen.

TIPP

Der eingeschichtete Salat kann einige Stunden vor dem Servieren vorbereitet werden. Karamellisierte Walnusskerne, Ziegenkäse und das fertige Dressing bereitstellen. Zum Servieren die Zutaten auf dem Salat verteilen und mit dem Dressing marinieren.

Eisbergsalat

Für 4–6 Personen
Zubereitungszeit: 20 Minuten

1 Kopf Eisbergsalat
1 Salatgurke
500 g Tomaten (verschiedene Sorten)
1 Bund glatte Petersilie
2 Frühlingszwiebeln
250 ml Joghurtdressing (siehe Seite 18)
2 EL geröstete Kürbiskerne

Den Eisbergsalat putzen und halbieren. Den Strunk herausschneiden und die Salatkopfhälften in Stücke schneiden.

Die Gurke waschen und in Scheiben schneiden. Die Tomaten waschen, die Blütenansätze entfernen und das Fruchtfleisch klein schneiden.

Die Petersilie waschen, trockentupfen, die Blätter samt Stielen fein hacken. Die Frühlingszwiebeln waschen, putzen und in Ringe schneiden.

Den Eisbergsalat mit Gurke, Tomaten, Petersilie und Frühlingszwiebeln in einer Schüssel vermengen. Das Dressing darüber verteilen und den Salat damit marinieren. Mit Kürbiskernen bestreut servieren.

TIPP

Alle Zutaten für den Salat vorbereiten und abgedeckt im Kühlschrank aufbewahren. Das Dressing in einem Schraubglas vorbereiten, kalt stellen und dann kurz vor dem Servieren über den Salat geben. Zum Salat passt auch das Alltags-, Italien- oder milde Kräuterdressing.

Verfeinern lässt sich der schnell zubereitete Salat mit gekochten, geviertelten Eiern, Feta- oder Schnittkäsewürfeln, Mini-Mozzarella, Oliven oder auch Croûtons.

Couscous-Salat

Für 4-6 Personen
Zubereitungszeit: 20 Minuten
Durchziehen: 1-2 Stunden

300 g Instant-Couscous
Salz
1 TL Kurkumapulver
½ TL Kreuzkümmelpulver
2 Tomaten
1 Salatgurke
1 Bund Koriander
½ Granatapfel
2 Limetten
3 EL Olivenöl
1 TL flüssiger Honig
frisch gemahlener Pfeffer

Den Couscous mit 1 TL Salz, dem Kurkumapulver und dem Kreuzkümmel in einer Schüssel mischen. 350 ml kochendes Wasser angießen und den Couscous 5 Minuten quellen lassen.

Inzwischen die Tomaten waschen, die Blütenansätze entfernen und das Fruchtfleisch würfeln. Die Gurke waschen und klein schneiden. Den Koriander waschen, trockentupfen und die Blätter samt Stielen fein hacken. Die Kerne des Granatapfels auslösen.

Den Couscous mit einer Gabel auflockern, das vorbereitete Gemüse, den Koriander und die Granatapfelkerne zugeben.

Den Saft der Limetten zum Salat pressen. Das Olivenöl und den Honig hinzuügen und alle Zutaten vermengen. Mit Salz und Pfeffer abschmecken und 1-2 Stunden durchziehen lassen.

TIPP

Für einen besonders würzigen Salat das Sesamdressing von Seite 18 verwenden.

Griechischer Salat

Für 4–6 Personen
Zubereitungszeit: 20 Minuten

1 Salatgurke
5 Tomaten
2 grüne Paprikaschoten
2 rote Zwiebeln
100 g entsteinte schwarze Oliven
250 g Feta
3 Zweige frischer Oregano (alternativ 1–2 TL getrockneter Oregano)
Saft von 1–2 Zitronen
6 EL Olivenöl
Salz
frisch gemahlener Pfeffer

Die Gurke waschen, der Länge nach halbieren und in Scheiben schneiden. Die Tomaten waschen, die Blütenansätze entfernen und das Fruchtfleisch in Spalten schneiden. Die Paprika waschen, halbieren, weiße Trennwände und Samen entfernen und die Hälften in mundgerechte Stücke schneiden. Die Zwiebeln abziehen, halbieren und in Streifen schneiden. Die Oliven halbieren. Den Feta würfeln. Den Oregano waschen, trockentupfen und die Blättchen abzupfen.

Die vorbereiteten Zutaten außer dem Oregano auf einer großen Platte verteilen, mit dem Zitronensaft und dem Olivenöl beträufeln. Salzen und pfeffern und mit Oregano bestreuen. Den Salat frisch servieren.

Das ist Urlaubsfeeling pur! Solch simple und trotzdem leckere Salate bestechen durch das Aroma, das die Zutaten mitbringen. Daher unbedingt sonnengereifte Tomaten und Salatgurken mit Schale verwenden.

Tomatensalat

Für 4–6 Personen
Zubereitungszeit: 20 Minuten

1 kg Tomaten (verschiedene Sorten)
2 Schalotten
4 Stängel frisches Basilikum
250 ml Alltagsdressing (siehe Seite 15)
250 g Mini-Mozzarella

Die Tomaten waschen, die Blütenansätze kegelförmig mit einem spitzen Messer herausschneiden und die Tomaten in Scheiben schneiden. Kleine Tomatensorten ganz lassen oder halbieren. Die Schalotten abziehen und klein würfeln. Das Basilikum waschen und trockentupfen.

Die Schalottenwürfel unter das Dressing rühren.

Die Tomaten auf einer Platte verteilen und mit dem Dressing beträufeln. Den Mozzarella abtropfen lassen, halbieren und auf dem Salat verteilen. Die Basilikumblätter darüberstreuen und den Salat servieren.

TIPP

Tomatensalat ist ein Klassiker, der am besten mit vollreifen Sommertomaten schmeckt. Verwenden Sie verschiedene Sorten, ist das Präsentieren auf einer Platte eine optisch schöne Variante. Bei klassischen Strauchtomaten, die übrigens in der Hochsaison fantastisch schmecken, kann der Salat auch in einer Schüssel zubereitet und serviert werden.

Tomaten-Brot-Salat

Für 4–6 Personen
Zubereitungszeit: 20 Minuten

1 altbackenes Weißbrot oder Ciabatta, gerne auch andere Sorten (mind. 3–4 Tag alt)
6 EL Olivenöl
750 g sonnenreife Tomaten
5 Stängel frisches Basilikum
1 rote Zwiebel
1 fingerdickes Stück Ingwer (ca. 2–3 cm)
1 TL brauner Zucker
Saft von 2 Limetten
2–3 Prisen Salz
2–3 Prisen frisch gemahlener Pfeffer
150 g Feta

Das Brot in grobe Stücke schneiden und in eine Schüssel geben. Mit 3 EL Olivenöl und 3 EL Wasser mischen und 10 Minuten ziehen lassen. Anschließend in einer breiten Pfanne goldbraun und knusprig braten.

Die Tomaten waschen, die Blütenansätze entfernen und die Tomaten in mundgerechte Stücke schneiden. Das Basilikum waschen, trockenschütteln und die Blätter abzupfen. Die Zwiebel abziehen und in Ringe schneiden. Brot, Tomaten, Zwiebel und Basilikum in einer breiten Schale mischen.

Für das Dressing den Ingwer schälen und in feine Streifen schneiden. In einer Schale den Ingwer, den Zucker, den Limettensaft, das übrige Olivenöl (3 EL), das Salz und den Pfeffer verrühren. Das Dressing über dem Salat verteilen. Zuletzt den Feta darüberbröckeln und alles gut vermengen.

Den Salat frisch servieren, dann ist das Brot noch fester. Je länger er durchzieht, umso weicher und saftiger wird das Brot.

TIPP
In Italien verwendet man traditionell meist ungesalzenes Brot, in dem Fall sollte der Salat kräftiger gewürzt werden.

Taboulé

Für 4–6 Personen
Zubereitungszeit: 20 Minuten
Durchziehen (optional): 1–2 Stunden

150 g feiner Bulgur (Weizengrütze)
1 großes Bund glatte Petersilie (ca. 250 g)
1 Bund Minze (ca. 100 g)
2 Tomaten
2 türkische Gurken (klein, mit festem Fruchtfleisch)
4 Frühlingszwiebeln
1 Zitrone
3 EL Olivenöl
2–3 Prisen Salz
2–3 Prisen frisch gemahlener Pfeffer

Den Bulgur in einer Schüssel mit warmem Wasser bedecken und 15 Minuten quellen lassen.

Inzwischen die Petersilie und die Minze waschen, trockentupfen und die Blätter von den Stielen zupfen. Die Petersilienstiele fein schneiden. Die gesamten Kräuterblätter grob hacken. Die Stiele der Minze werden nicht weiterverwendet.

Die Haut der Tomaten kreuzweise einritzen und die Blütenansätze herausschneiden. Die Tomaten für einige Sekunden in kochendes Wasser tauchen, anschließend in Eiswasser abschrecken. Die Haut abziehen, die Tomaten vierteln und entkernen. Das Fruchtfleisch klein würfeln.

Die Gurken waschen und ebenfalls klein würfeln. Die Frühlingszwiebeln waschen, putzen und klein schneiden.

Den Bulgur in ein Sieb abgießen und gut ausdrücken. Bulgur, Kräuter, Tomaten, Gurken und Frühlingszwiebeln in eine Schüssel geben. Den Saft der Zitrone dazu pressen. Das Olivenöl, das Salz und den Pfeffer zugeben und alles vermengen.

Den Salat sofort servieren oder 1–2 Stunden durchziehen lassen.

Nizza-Salat

Für 4–6 Personen
Zubereitungszeit: 30 Minuten

250 g grüne Bohnen
Salz
4 Eier
5 Pellkartoffeln, am Vortag gar gekocht
4 Salatherzen
250 g Kirschtomaten
100 g entsteinte schwarze Oliven
6 eingelegte Artischocken
1 Knoblauchzehe
3 Anchovis
250 ml Alltagsdressing (siehe Seite 15)
4 Stängel frischer Dill
1 Glas Thunfisch (150 g)

Die grünen Bohnen waschen, putzen, in Stücke schneiden. In einem Topf in kochendem, gut gesalzenem Wasser gar kochen.

Die Eier in kochendem Wasser in 8 Minuten hart kochen. Die Kartoffeln pellen und in Stücke schneiden. Die Salatherzen vereinzeln, waschen und trockenschleudern. Die Blätter in mundgerechte Stücke schneiden.

Die Kirschtomaten waschen und halbieren. Die Oliven in einem Sieb abtropfen lassen. Die Artischocken ebenfalls abtropfen lassen und dann in Spalten schneiden.

Den Knoblauch abziehen und zusammen mit den Anchovis zum Dressing geben. Das Dressing mit den zugegebenen Zutaten glatt pürieren.

Die vorbereiteten Salatzutaten bis auf die Eier in eine große Schüssel geben und mit dem Dressing marinieren.

Zuletzt die Eier pellen, vierteln und auf dem Salat verteilen. Den Dill waschen, trockentupfen und klein schneiden. Den Thunfisch abgießen und in kleinen Stücken auf den Salat geben. Mit Dill bestreuen und servieren.

Caesar Salad

Für 4–6 Personen
Zubereitungszeit: 30 Minuten

FÜR DAS DRESSING

2 Knoblauchzehen
2 in Öl eingelegte Sardellen
1 TL Kapern
Saft von 1 Zitrone
1 Becher Schmand (150 g)
1 TL mittelscharfer Senf
1 Msp. Cayennepfeffer
2 Prisen Salz
2 Prisen frisch gemahlener Pfeffer

FÜR DIE CROÛTONS

½ Ciabatta (altbacken oder frisch)
3–5 EL Olivenöl

AUSSERDEM

1 großer Römersalat oder 5 Romanasalatherzen
150 g Kirschtomaten
Parmesan (optional)

Für das Dressing den Knoblauch abziehen und zusammen mit den Sardellen, den Kapern, dem Zitronensaft, dem Schmand, dem Senf, dem Cayennepfeffer, dem Salz und dem Pfeffer in einem hohen Gefäß mit dem Pürierstab glatt mixen.

Für die Croûtons das Ciabatta würfeln, in einer Schüssel mit dem Olivenöl beträufeln und vermengen. Die Croûtons in einer Pfanne knusprig braten.

Den Salat putzen, die Blätter vom Strunk trennen und gründlich waschen. Anschließend nach Belieben in mundgerechte Stücke zupfen oder schneiden. Die Tomaten waschen, trockentupfen und halbieren.

Den Salat und die Tomaten auf einer Platte verteilen, mit dem Dressing beträufeln und die Croûtons darüberstreuen. Nach Belieben zusätzlich mit Parmesan bestreuen.

TIPP

Auch Brot, das schon sehr trocken ist, lässt sich wieder auffrischen. Dafür die trockenen Brotwürfel mit etwas Wasser benetzen und 10 Minuten ruhen lassen. Anschließend mit Olivenöl beträufeln und knusprig braten.

Sattmacher-Salate

Grillgemüse-Salat mit Perlcouscous

Für 4–6 Personen
Zubereitungszeit: 35 Minuten
Garzeit: 15–20 Minuten
Durchziehen (optional): 1–2 Stunden

3 rote Paprikaschoten
3 gelbe Paprikaschoten
2 Auberginen
2 Zucchini
Salz
4 EL Olivenöl
250 g Perlcouscous
½ TL Kurkumapulver
½ TL Korianderpulver
4 Stängel frische Petersilie
1 Knoblauchzehe
250 ml Alltagsdressing, verfeinert mit Zitronensaft statt Weißweinessig (siehe Seite 15)
frisch gemahlener Pfeffer

Für das Grillgemüse den (Elektro-)Grill auf 250 °C vorheizen.

Die Paprika waschen, entkernen und zwischen den Trennwänden zerteilen. Die Auberginen und Zucchini waschen, deren Enden abschneiden und die Früchte in 1 cm dicke Scheiben schneiden. Das gesamte Gemüse in einer großen Schüssel mit 2 TL Salz und dem Olivenöl vermischen. 10–15 Minuten Wasser ziehen lassen.

Inzwischen den Perlcouscous in kochendem Wasser gewürzt mit etwas Salz, dem Kurkumapulver und dem Korianderpulver nach Packungsangabe gar kochen.

Paprika, Auberginen und Zucchini auf dem heißen Grillrost 10–15 Minuten von beiden Seiten grillen, bis die Stücke weich und gebräunt sind. Die Haut der Paprika wird dabei schwarz.

Das gegrillte Gemüse etwas abkühlen lassen. Anschließend die Paprika häuten und zusammen mit den Zucchini- und Auberginenscheiben mundgerechte Stücke schneiden. Das Gemüse in eine Schüssel geben. Den Perlcouscous gut abtropfen lassen und zufügen.

Für das Dressing die Petersilie waschen, trockentupfen und hacken. Den Knoblauch abziehen und hacken. Die Zutaten des Alltagsdressings mit dem Knoblauch und der Petersilie mit dem Pürierstab glatt mixen. Das Dressing mit etwas Pfeffer abschmecken.

Den Salat mit dem Dressing vermengen, nach Möglichkeit 2–3 Stunden durchziehen lassen und anschließend servieren.

Scharfer Kartoffel-Paprika-Salat

Für 4-6 Personen
Zubereitungszeit: 45 Minuten
Garzeit: 25 Minuten

500 g kleine festkochende Kartoffeln (kleine Sortierung, etwa Drillinge oder Grenaille)
2 größere Zweige frischer Rosmarin
6 EL Olivenöl
Salz
1 Paprika-Mix (3 Schoten)
1 Gemüsezwiebel
2 Knoblauchzehen
1 Chilischote
3 EL Rotweinessig
1 TL brauner Zucker
frisch gemahlener Pfeffer
1 Handvoll Rucola

Den Backofen auf 200 °C Ober-/Unterhitze vorheizen.

Die Kartoffeln waschen und ungeschält halbieren. Den Rosmarin waschen, trockentupfen, die Nadeln abzupfen und mit den Kartoffeln, 2 EL Olivenöl und ½ TL Salz vermengen.

Die Kartoffeln auf einem Backblech verteilen und im vorgeheizten Backofen 20 Minuten garen.

Inzwischen die Paprikaschoten waschen und entkernen. Zwischen den Trennwänden zerteilen und in mundgerechte Stücke schneiden. Die Zwiebel und den Knoblauch abziehen, in größere Würfel schneiden und zusammen mit den Paprikastücken nach 20 Minuten zu den Kartoffeln auf das Blech geben. Weitere 10 Minuten im Backofen garen.

Die Chilischote waschen. Für weniger Schärfe die Samen und weißen Trennwände entfernen. Die Schote klein hacken.

Den Kartoffel-Paprika-Zwiebel-Mix in eine Schüssel geben. Chili, Rotweinessig, Zucker, 2 Prisen Salz und Pfeffer sowie das übrige Olivenöl (4 EL) verrühren, zum Gemüse geben und vermengen.

Den Salat lauwarm oder nach dem Abkühlen und Durchziehen servieren. Kurz vor dem Servieren den Rucola abbrausen, trockentupfen und unter den Salat heben.

Reissalat

Für 4–6 Personen
Zubereitungszeit: 30 Minuten
Garzeit: 15 Minuten
Durchziehen (optional): 1–2 Stunden

250 g Basmatireis
Salz
1 Döschen Safranfäden (entspricht 0,01 g)
1 Zucchini
2 Karotten
3 EL Olivenöl
3 EL Mandelstifte
3 EL Rosinen oder Korinthen
3–4 Stängel frische Minze
Saft von 1 Zitrone
1 TL Zucker
frisch gemahlener Pfeffer

Den Reis in einem Sieb waschen und mit der 1,5-fachen Menge Wasser, ½ TL Salz und dem Safran in einem Topf aufkochen. Abgedeckt 15 Minuten bei niedriger Temperatur köcheln lassen, anschließend beiseitestellen und 5 Minuten ziehen lassen.

Die Zucchini und die Karotten waschen. Die Karotten schälen und ebenso wie die Zucchini in dünne Streifen schneiden oder klein würfeln.

Das Olivenöl in einer Pfanne erhitzen. Die Zucchini und die Karotten darin 3–4 Minuten unter Rühren anschwitzen. Die Mandeln und die Rosinen bzw. die Korinthen zugeben, 1–2 Minuten mit erhitzen und die Mandeln dabei anrösten.

Die Mischung aus der Pfanne in eine Schüssel umfüllen. Den Reis mit einer Gabel auflockern und zum Gemüse geben. Die Minze waschen, trockentupfen, die Stiele klein schneiden, die Blätter fein hacken und Stiele sowie Blätter unter den Reissalat mengen.

Den Salat mit dem Zitronensaft, dem Zucker, etwas Salz und Pfeffer würzen. Nach Belieben 1–2 Stunden durchziehen lassen oder sofort servieren.

Bulgursalat

Für 4–6 Personen
Zubereitungszeit: 20 Minuten
Garzeit: 10 Minuten
Durchziehen (optional): 1–2 Stunden

250 g grober Bulgur
2 TL Currypulver
Salz
4 Aprikosen
Honig nach Bedarf
1 grüne Paprikaschote
1 Bund Koriander
50 g Cashewkerne
½ TL Chiliflocken
150 ml Fruchtiges Dressing mit Aprikose (siehe Seite 17, die halbe Menge zubereiten)
½ Kopf roter Frisée oder 1 Handvoll Rucola zum Servieren (optional)

Den Bulgur in einem Topf mit dem Currypulver und 2 Prisen Salz vermischen. Knapp mit Wasser bedecken, aufkochen und 10 Minuten leise köcheln lassen. Anschließend abgießen und gut abtropfen lassen.

Inzwischen die Aprikosen waschen, entsteinen und klein schneiden. Saftige, reife Früchte frisch verwenden. Sind die Aprikosen fester, können sie mit etwas Honig und einem Schuss Wasser in einem kleinen Topf gegart werden.

Die Paprikaschote waschen, halbieren, die Samen entfernen und die Schote in Streifen schneiden. Den Koriander waschen, trockentupfen und grob hacken. Die Cashewkerne in einer Pfanne ohne Fettzugabe anrösten, abkühlen lassen und grob hacken.

In einer Schüssel den Bulgur mit den Aprikosen, der Paprika, dem Koriander, den Cashewkernen und den Chiliflocken mischen. Zuletzt das Dressing zum Salat geben.

Alle Zutaten gut vermengen und nach Belieben vor dem Servieren 1–2 Stunden durchziehen lassen. Zum Servieren können einige Salatblätter zugegeben werden, das lockert den Salat zusätzlich auf.

Steirischer Käferbohnen-Salat

Für 6–8 Personen
Zubereitungszeit: 30 Minuten
Garzeit: ca. 3 Stunden + über Nacht (mind. 12 Stunden) einweichen
Durchziehen: 1–2 Stunden

300 g getrocknete Steirische Käferbohnen
1 Zwiebel
4 EL Apfelessig
4 EL steirisches Kürbiskernöl
Zucker
Salz
frisch gemahlener Pfeffer

Die Käferbohnen über Nacht (mindestens 12 Stunden) in der vierfachen Menge kaltem Wasser einweichen.

Am nächsten Tag abgießen und in einen Topf geben. Mit der dreifachen Menge kaltem, frischem Wasser aufkochen und abgedeckt bei mittlerer Temperatur in etwa 3 Stunden gar kochen. Bei Bedarf Wasser nachgießen, damit die Bohnen immer bedeckt sind. Anschließend die Bohnen abgießen und abtropfen lassen. Dann in eine Schüssel umfüllen und zum lauwarm Abkühlen beiseitestellen.

Die Zwiebel abziehen, würfeln und zu den Bohnen geben. Mit dem Apfelessig, dem Kürbiskernöl, 1 TL Zucker, 1 TL Salz und etwas frisch gemahlenem Pfeffer vermengen und 1–2 Stunden durchziehen lassen.

Den Salat vor dem Servieren noch einmal gut abschmecken, da die Bohnen sehr viel Gewürz aufnehmen.

TIPP

Zu diesem Salat unbedingt Brot reichen, um das köstliche Kürbiskernöl aufzutunken.

Gnocchi-Salat

Für 4–6 Personen
Zubereitungszeit: 30 Minuten
Garzeit: 10 Minuten
Durchziehen (optional): 1–2 Stunden

- 1 Packung Gnocchi (500 g, aus dem Frischeregal)
- Salz
- 2 EL Olivenöl
- 300 g Brokoletti (alternativ 1 kleiner Brokkoli, in Röschen geteilt)
- 2 EL Mandelblättchen
- 250 g Kirschtomaten
- 3 Stängel frische glatte Petersilie
- 125 ml Mildes Kräuterdressing (siehe Seite 16, die halbe Menge zubereiten)
- frisch gemahlener Pfeffer

Die Gnocchi in leicht gesalzenem, kochendem Wasser 2 Minuten vorgaren. Dann abgießen und abtropfen lassen. Anschließend in einer Pfanne in 1 EL Olivenöl 3–4 Minuten anbraten. Danach in eine Schüssel umfüllen.

Die Brokoletti waschen und in kleine Stücke schneiden. In 1 EL Olivenöl in derselben Pfanne 5–8 Minuten anbraten und leicht mit Salz würzen. 2–3 Minuten vor Ende der Garzeit die Mandeln zu den Brokoletti geben und anrösten. Anschließend den Pfanneninhalt zu den Gnocchi geben.

Die Kirschtomaten waschen und halbieren. Die Petersilie waschen, trockenschütteln, die Blätter abzupfen und klein hacken. Beides zur Gnocchi-Brokkoletti-Mischung geben.

Den Gnocchi-Salat mit dem Dressing vermengen und mit Pfeffer würzen. Nach Belieben 1-2 Stunden durchziehen lassen.

Den Gnocchi-Salat auf einer Platte anrichten und servieren.

Linsensalat

Für 4–6 Personen
Zubereitungszeit: 30 Minuten
Garzeit: 25 Minuten
Durchziehen: 2–3 Stunden (oder über Nacht)

350 g getrocknete grüne Linsen (Sorte Le Puy oder Berglinsen)
1 Bund Suppengemüse (bestehend aus Karotte, Sellerie, Lauch und Petersilie)
2 EL Olivenöl
Salz
frisch gemahlener Pfeffer
200 ml Balsamicodressing (siehe Seite 16)

Die Linsen in einem Sieb abbrausen und mit der dreifachen Menge Wasser bedeckt aufkochen. Die Linsen 25 Minuten leise köcheln lassen, bis sie bissfest gegart sind.

Inzwischen das Suppengemüse waschen, die Karotten und den Sellerie schälen und klein würfeln. Den Lauch der Länge nach halbieren, zunächst in Streifen und dann in kleine Würfel schneiden. Die Petersilie waschen, trockentupfen und klein hacken.

Das Olivenöl in einer Pfanne erhitzen, das Gemüse darin 5 Minuten anschwitzen. Mit Salz und Pfeffer würzen.

Die fertig gegarten Linsen abgießen und mit dem Gemüse (ohne die Petersilie) in einer Schüssel vermengen. Das Balsamicodressing zugeben und untermischen.

Zuletzt die Petersilie zum Salat geben und diesen 2–3 Stunden durchziehen lassen.

TIPP

Salate mit Hülsenfrüchten am besten immer am Vortag zubereiten und über Nacht durchziehen lassen. Dadurch schmecken sie noch aromatischer und würziger.

Rote-Bete-Salat mit Linsen und Quinoa

Für 4–6 Personen
Zubereitungszeit: 30 Minuten
Garzeit: 30 Minuten
Durchziehen: mind. 2–3 Stunden (oder über Nacht)

150 g kleine getrocknete Linsen (bissfeste Sorte, z. B. schwarze Belugalinsen, grüne Le Puy oder grüne Berglinsen)
75 g Quinoa Tricolore
1 TL gelbe Senfkörner
1 TL Koriandersaat
2 Gläser eingelegte Rote Bete (à 250 g Abtropfgewicht)
2 Bund Schnittlauch
200 ml Balsamicodressing (siehe Seite 16)

Die Linsen in einem Sieb waschen und in einem Topf mit reichlich Wasser bedeckt aufkochen. Bei mittlerer Temperatur abgedeckt in rund 30 Minuten (je nach verwendeter Sorte) bissfest garen.

Die Quinoa in einem Sieb unter warmem Wasser waschen und in einen zweiten Topf geben. Die 1,5-fache Menge Wasser aufgießen und aufkochen. Bei mittlerer Temperatur abgedeckt 10 Minuten garen, anschließend vom Herd ziehen und 2–3 Minuten ausquellen lassen.

Die Senfkörner und die Koriandersaat im Mörser zerstoßen. Die Rote Bete abtropfen lassen und klein schneiden. Den Schnittlauch waschen, trockentupfen und in Röllchen schneiden.

Linsen, Quinoa, Gewürze, Rote Bete und Schnittlauch in eine Schüssel geben. Das Dressing hinzufügen und untermengen. Mindestens 2–3 Stunden, am besten über Nacht, durchziehen lassen.

TIPPS

Dieser Salat ist perfekt geeignet, um kleine Reste an Hülsenfrüchten aufzubrauchen. Auch andere Sorten bieten sich an. Diese einfach nach Packungsangabe garen und dann bunt gemischt zur Roten Bete geben. Wenn es mal schneller gehen soll, auf Linsen, Bohnen oder Kichererbsen aus dem Glas zurückgreifen. Wenn Sie Rote-Bete-Kugeln aus dem Vakuum verwenden, würzen Sie den Salat anschließend noch einmal nach, da das Gemüse »nature« gegart wird. Im Glas ist Rote Bete hingegen gewürzt.

Bunter Kichererbsensalat

Für 4–6 Personen
Zubereitungszeit: 30 Minuten + Durchziehen

2 große Dosen Kichererbsen (à ca. 260 g Abtropfgewicht)
7 EL Olivenöl
Salz
1 Aubergine
2 Zucchini
50 g Sonnenblumenkerne
3 Karotten
1 rote Paprikaschote
1 gelbe Paprikaschote
1 Bund Petersilie
3 EL Weißweinessig
2 EL Sojasauce
1 TL milder Senf
2 TL flüssiger Honig
frisch gemahlener Pfeffer

Den Backofen auf 200 °C Ober-/Unterhitze vorheizen und ein Backblech mit Backpapier auslegen.

Die Kichererbsen in ein Sieb abgießen und abspülen. In einer Schüssel mit 2 EL Olivenöl und 2–3 Prisen Salz marinieren und auf dem Backblech verteilen. Im vorgeheizten Backofen 20 Minuten garen.

Inzwischen die Aubergine waschen, die Enden abschneiden und das Fruchtfleisch klein würfeln. 2 EL Olivenöl in einer Pfanne erhitzen. Die Auberginenwürfel zugeben, mit 1 TL Salz würzen und 10 Minuten bei mittlerer Temperatur braun braten.

Die Zucchini waschen und würfeln. Zucchini und Sonnenblumenkerne zur braun gebratenen Aubergine geben und weitere 5 Minuten anbraten. Dann alles in eine Schüssel füllen.

Die Karotten waschen, schälen und in dünne Scheiben schneiden. Die Paprika waschen, Samen und Trennwände entfernen und die Schoten würfeln. Die Petersilie waschen, trockentupfen, die Blätter abzupfen und hacken. Karotten, Paprika und Petersilie zur Auberginen-Zucchini-Mischung geben. Zuletzt die gerösteten Kichererbsen hinzufügen.

Für das Dressing den Essig mit der Sojasauce, dem Senf, dem Honig, und dem übrigen Olivenöl (3 EL) verrühren.

Das Dressing zum Salat geben. Mit Pfeffer würzen, alle Zutaten vermengen und gut durchziehen lassen.

Quinoa-Blumenkohl-Salat

Für 4–6 Personen
Zubereitungszeit: 25 Minuten
Garzeit: 20 Minuten
Durchziehen: 2 Stunden

1 Kopf Blumenkohl
2 EL Olivenöl
1 TL Currypulver
Salz
150 g Quinoa Tricolore
1 Handvoll Blattsalat (z. B. roter Frisée oder Eichblattsalat)
2 Schalotten
½ TL Chiliflocken
150 ml Sesamdressing (siehe Seite 18)
3 Stängel frisches Basilikum
frisch gemahlener Pfeffer

Den Blumenkohl waschen, in kleine Röschen teilen und in einer Schüssel mit dem Olivenöl, dem Currypulver und 1 TL Salz marinieren.

Die Quinoa in einem Sieb waschen und in einem Topf knapp mit Wasser bedeckt aufkochen. 10 Minuten köcheln lassen. Anschließend abgießen und gut abtropfen lassen.

Den Blumenkohl in einer Pfanne bei mittlerer Temperatur etwa 10–12 Minuten anbraten.

Inzwischen den Salat waschen, trockentupfen und klein zupfen. Die Schalotten abziehen und in Ringe schneiden.

Quinoa, Blumenkohl, Schalotten, Chiliflocken und das Dressing in einer Schüssel vermengen. Den Salat abgedeckt 2 Stunden durchziehen lassen.

Das Basilikum waschen, trockentupfen und die Blätter von den Stängeln zupfen.

Vor dem Servieren den Salat mit Salz und Pfeffer abschmecken. Zusammen mit dem Blattsalat auf einer Platte verteilen und mit Basilikumblättern bestreuen.

Süßkartoffelsalat

Für 4–6 Personen
Zubereitungszeit: 30 Minuten
Garzeit: 20 Minuten
Durchziehen: 1–2 Stunden

2–3 Süßkartoffeln
2 EL Olivenöl
Salz
250 g grüne Bohnen
1 Dose rote Bohnen
(250 g Abtropfgewicht)
3 Frühlingszwiebeln
1 Bund Koriander
250 g Kirschtomaten
250 ml Mildes Kräuterdressing
(siehe Seite 16)

Die Süßkartoffeln waschen, schälen und in mundgerechte Stücke schneiden. In einer Pfanne im Olivenöl in 10 Minuten braun braten. Dann mit ½ TL Salz würzen, einen Schuss Wasser angießen und abgedeckt weitere 5 Minuten bei niedriger Temperatur garen.

Die grünen Bohnen putzen, in kleine Stücke schneiden und in kochendem, gut gesalzenem Wasser in 10 Minuten gar kochen. Anschließend abgießen und zusammen mit den Süßkartoffeln in eine Schüssel geben.

Die roten Bohnen abgießen und abspülen. Die Frühlingszwiebeln putzen, waschen und in Ringe schneiden. Den Koriander waschen, trockentupfen und grob hacken. Die Kirschtomaten waschen und halbieren. Alles zu den Süßkartoffeln und den Bohnen in die Schüssel geben.

Das Dressing hinzufügen und die Zutaten vermengen. Abgedeckt 1–2 Stunden zum Durchziehen beiseitestellen.

Zartweizen-Salat mit Antipasti-Gemüse

Für 4–6 Personen
Zubereitungszeit: 20 Minuten
Garzeit: 10 Minuten

2 Kochbeutel Zartweizen
Salz
1 Packung Antipasti-Gemüse (300 g, z. B. gemischte Oliven, getrocknete Tomaten)
125 ml Mildes Kräuterdressing (siehe Seite 16, die halbe Menge zubereiten)
1 Handvoll Rucola

Den Zartweizen in leicht gesalzenem Wasser laut Packungsangabe garen.

Das Antipasti-Gemüse abtropfen lassen, in mundgerechte Stücke schneiden und in eine Schüssel geben.

Den Zartweizen abtropfen lassen, zum Antipasti-Gemüse geben und mit dem Dressing marinieren. Den Rucola waschen, trockenschütteln und unter den Salat heben. Frisch servieren.

TIPP
Anstelle des Kräuterdressings kann auch die Einlegeflüssigkeit des Antipasti-Gemüses verwendet werden. Dafür die Flüssigkeit mit etwas Olivenöl verrühren und mit Salz, Pfeffer und Zucker würzig abschmecken.

Tortilla-Salat

Für 4–6 Personen
Zubereitungszeit: 20 Minuten
Garzeit: 10 Minuten

4 Tortillafladen
400 g Räuchertofu
3 EL Olivenöl
1 Zwiebel
2 Knoblauchzehen
1 TL getrockneter Oregano
1 TL edelsüßes Paprikapulver
½ TL geräuchertes Paprikapulver
½ TL Kurkumapulver
1 TL Salz
1 TL flüssiger Honig
1 Dose Mais (220 g Abtropfgewicht)
4 Tomaten
4 Romanasalatherzen
1 Bund Petersilie
150 ml French Dressing (siehe Seite 17, die halbe Menge zubereiten)

Den Backofen auf 160 °C Ober-/Unterhitze vorheizen. Die Tortillafladen in Stücke schneiden, auf einem Backblech verteilen und im Ofen etwa 10 Minuten rösten. Danach abkühlen lassen und in kleinere Stücke zerbrechen.

Den Räuchertofu in kleine Stücke zerbröckeln und in einer Pfanne im Olivenöl knusprig braten. Die Zwiebel und den Knoblauch abziehen, beides würfeln und mit dem Oregano und den Gewürzen zum Räuchertofu geben. Weitere 3–4 Minuten anbraten, bis die Zwiebel und der Knoblauch goldbraun sind. Den Pfanneninhalt mit dem Salz und dem Honig würzen, dann in eine Schüssel umfüllen.

Den Mais abtropfen lassen. Die Tomaten waschen, die Blütenansätze entfernen und das Fruchtfleisch würfeln. Den Romanasalat waschen, trockenschleudern und in dünne Streifen schneiden. Die Petersilie waschen, trockentupfen und hacken.

Zunächst die frischen Zutaten in Salatschalen geben, den gebratenen Tofu darüber verteilen. Mit dem Dressing beträufeln, die Tortillachips darüberstreuen und frisch servieren.

Nudelsalate

Family-Nudelsalat

Für 6–8 Personen
Zubereitungszeit: 30 Minuten
Garzeit: ca. 10 Minuten

FÜR DEN SALAT
500 g Nudeln (z. B. Gigli)
Salz
1 Salatgurke
2 rote Paprikaschoten
6 Gewürzgurken
1 Dose Mais
(250 g Abtropfgewicht)
200 g TK-Erbsen

FÜR DAS DRESSING
6 EL Einlegwasser der Gewürzgurken
1 Becher saure Sahne (oder 150 g Mayonnaise)
3 EL Olivenöl
1 TL mittelscharfer Senf
½ TL Zucker
1 TL Salz
2–3 Prisen frisch gemahlener Pfeffer

AUSSERDEM
1 Bund Schnittlauch, in Röllchen geschnitten

Für den Salat die Nudeln in reichlich kochendem, gut gesalzenem Wasser nach Packungsangabe garen.

Inzwischen die Gurke und die Paprikaschoten waschen. Die Samen und weißen Trennwände der Paprika entfernen. Gurke, Paprika und Gewürzgurken klein würfeln. Den Mais abgießen.

Die Erbsen in ein Sieb geben, dieses in das kochende Nudelwasser halten und die Erbsen darin etwa 30 Sekunden überbrühen. Die Erbsen anschließend abtropfen lassen.

Die Nudeln abgießen und mit den übrigen vorbereiteten Salatzutaten in eine Schüssel geben.

Für das Dressing das Gurkenwasser mit saurer Sahne, Olivenöl, Senf, Zucker, dem Salz und dem Pfeffer glatt rühren.

Den Salat mit dem Dressing marinieren und mit Schnittlauchröllchen bestreut servieren.

Pasta-Salat mit cremigem Spinatdressing

Für 4–6 Personen
Zubereitungszeit: 30 Minuten
Garzeit: ca. 12 Minuten

250 g Mezze-Rigatoni
Salz
300 g Kirschtomaten
150 g Babyspinat
1 Zitrone
1 Knoblauchzehe
2 EL Cashewkerne
1 EL flüssiger Honig
frisch gemahlener Pfeffer
3 EL Sonnenblumenkerne
1 EL Olivenöl
½ TL Chiliflocken
½ TL getrockneter Thymian

Die Nudeln in reichlich kochendem, gut gesalzenem Wasser nach Packungsangabe garen.

Die Kirschtomaten waschen und halbieren. Den Spinat waschen und trockenschleudern.

Für das Dressing die Hälfte des Spinats in ein hohes Gefäß geben, den Saft der Zitrone dazupressen. Den Knoblauch abziehen und zur Spinat-Zitronensaft-Mischung geben. Die Cashewkerne, den Honig, ½ TL Salz und etwas Pfeffer hinzufügen. 3 EL Wasser angießen und die Zutaten mit dem Pürierstab glatt mixen.

Die Nudeln abgießen, kurz kalt abschrecken und mit den Kirschtomaten in eine Schüssel geben. Das Spinatdressing hinzufügen und untermischen.

Die Sonnenblumenkerne in einer Pfanne im Olivenöl zusammen mit den Chiliflocken und dem Thymian kurz anrösten. Den übrigen Babyspinat und die gerösteten Kerne über dem Salat verteilen und servieren.

Zehn-Minuten-Spaghettini-Pesto-Salat

Für 6 Personen
Zubereitungszeit: 10 Minuten (inkl. Garzeit)

500 g Spaghettini
Salz
1 Glas Pesto alla Genovese (ca. 130 g)
Saft von ½ Zitrone
frisch gemahlener Pfeffer
1 Stück Parmesan für die Garnitur (optional)

Die Spaghettini in reichlich kochendem, gut gesalzenem Wasser nach Packungsangabe garen. 1 Tasse Nudelwasser kurz vor dem Abgießen abnehmen und beiseitestellen. Die Nudeln abgießen und in eine Schüssel umfüllen.

Das Pesto und den Zitronensaft zu den Nudeln geben. Nach und nach etwas vom beiseitegestellten Nudelwasser hinzufügen und untermischen, bis die Nudeln von einem cremigen Dressing umhüllt sind.

Den Pesto-Salat mit Salz und Pfeffer abschmecken und nach Belieben mit gehobeltem Parmesan bestreut servieren.

Risoni-Salat

Für 4–6 Personen
Zubereitungszeit: 30 Minuten
Garzeit: 20 Minuten

300 g Risoni (alternativ Kritharaki, Orzo)
Salz
3 Zucchini
2 Knoblauchzehen
4 EL Olivenöl
frisch gemahlener Pfeffer
1 TL getrockneter Thymian
1 unbehandelte Zitrone
2 rote Zwiebeln
3–4 Stängel frische glatte Petersilie
150 g Feta

Die Risoni in reichlich kochendem, gut gesalzenem Wasser nach Packungsangabe garen.

Die Zucchini waschen, die Enden abschneiden und das Fruchtfleisch in dünne Scheiben schneiden. Den Knoblauch abziehen und würfeln.

2 EL Olivenöl in einer Pfanne erhitzen. Die Zucchini und den Knoblauch darin goldbraun anbraten. Mit 1 TL Salz, 2–3 Prisen Pfeffer und dem Thymian würzen und in eine Schüssel füllen.

Die Zitrone heiß abwaschen und trockentupfen. ½ Zitrone in dünne Scheiben schneiden und in der Pfanne von beiden Seiten kurz anrösten. Anschließend in Stücke schneiden. Die Zwiebeln abziehen und würfeln.

Die gegarten Risoni abgießen und kurz kalt abschrecken. Die Risoni, die Zitronenstücke und die roten Zwiebeln zu den gebratenen Zucchini geben.

Die Petersilie waschen, trockentupfen, die Blätter abzupfen und hacken. Die Stängel der Petersilie können auch mit klein geschnitten und zugegeben werden.

Den Salat mit dem Saft der übrigen ½ Zitrone, dem übrigen Olivenöl (2 EL), etwas Salz und Pfeffer marinieren und abschmecken. Zuletzt den Feta zerbröckeln und über den Salat streuen. Frisch oder durchgezogen servieren.

Italienischer Nudelsalat

Für 4–6 Personen
Zubereitungszeit: 30 Minuten
Garzeit: 15 Minuten

500 g Pasta nach Wahl
Salz
100 g in Öl eingelegte getrocknete Tomaten + 4 EL des Einlegeöls
100 g entsteinte Oliven (grüne oder schwarze, auch gemischt)
25 g Pinienkerne
6 kleine Tomaten
3 EL Aceto balsamico
1 TL Zucker
3 Prisen frisch gemahlener Pfeffer
1 Halloumi (ca. 200 g)
2 EL Olivenöl

Die Pasta in reichlich kochendem, gut gesalzenem Wasser nach Packungsangabe garen.

Die getrockneten Tomaten in einem Sieb etwas abtropfen lassen, das Öl in einer Schüssel auffangen.

Die abgetropften getrockneten Tomaten hacken. Die Oliven halbieren. Die Pinienkerne in einer Pfanne ohne Fettzugabe anrösten und danach sofort umfüllen. Die kleinen Tomaten waschen, halbieren, die Blütenansätze entfernen und die Hälften in Spalten schneiden.

Die Nudeln abgießen, kurz kalt abschrecken und mit den vorbereiteten Zutaten in eine Schüssel geben.

Für das Dressing das Tomateneinlegeöl, den Balsamico, den Zucker, 3 Prisen Salz und den Pfeffer glatt rühren. Die Mischung zum Salat geben und die Zutaten vermengen.

Den Halloumi trockentupfen, würfeln und in einer Pfanne in 2 EL Olivenöl goldbraun braten. Den Halloumi kurz vor dem Servieren auf dem Salat verteilen.

Scharfer Thai-Glasnudelsalat mit Papaya

Für 4 Personen
Zubereitungszeit: 20 Minuten

FÜR DEN SALAT
100 g Glasnudeln
1 Stück Räuchertofu (200 g)
1 EL Speisestärke
2 EL geröstetes Sesamöl
3 EL Sojasauce
1 Papaya
¼ Kopf Rotkohl
150 g Zuckerschoten

FÜR DAS DRESSING
2 Limetten
2 EL Sojasauce
1 TL Gochujangpaste (Chilipaste)
2 EL Ahornsirup
1 EL geröstets Sesamöl

AUSSERDEM
3 Stängel frische glatte Petersilie

Für den Salat die Glasnudeln in einer Schüssel mit kochendem Wasser übergießen und 10 Minuten einweichen (bitte die Anweisung auf der Packung beachten, es gibt auch Sorten, die in kochendem Wasser gegart werden müssen).

Den Räuchertofu in kleine Würfel schneiden, trockentupfen, in der Speisestärke wenden und in einer Pfanne im heißen Sesamöl knusprig braten. Anschließend mit der Sojasauce ablöschen und unter Rühren kurz aufkochen.

Die Papaya schälen, entkernen und in schmale Spalten oder Streifen schneiden. Den Rotkohl waschen, trockenreiben und in dünne Streifen hobeln. Die Zuckerschoten waschen und ebenfalls in schmale Streifen schneiden.

Die Glasnudeln abgießen, mit einer Küchenschere ein- bis zweimal zerschneiden und mit dem vorbereiteten Gemüse und der Papaya in eine Schüssel geben.

Für das Dressing den Saft der Limetten in eine Schale pressen. Die Sojasauce, die Chilipaste, den Ahornsirup und das Sesamöl zugeben. Alle Zutaten verrühren und zum Salat geben. Mit zwei Gabeln unterheben und auf Teller verteilen.

Die Petersilie waschen, trockentupfen, die Blätter abzupfen, hacken und über den Salat streuen.

Farfalle-Spargel-Salat mit gezupftem Burrata

Für 6 Personen
Zubereitungszeit: 30 Minuten

250 g Farfalle
Salz
1 Bund grüner Spargel
6 EL Olivenöl
frisch gemahlener Pfeffer
300 g Kirschtomaten
6 Stängel frisches Basilikum
2 TL flüssiger Honig
3 EL Weißweinessig
1 TL milder Senf
50 g Mandelblättchen
2 Burrata

Die Farfalle in reichlich kochendem, gut gesalzenem Wasser al dente garen, abgießen und in eine Schüssel geben.

Den Spargel waschen, falls nötig im unteren Drittel schälen und die Enden abschneiden. Die Spargelstangen in 2 cm lange Stücke schneiden, in einer Pfanne in 2 EL heißem Olivenöl 5–7 Minuten unter gelegentlichem Wenden anbraten. Mit Salz und Pfeffer würzen und zu den Nudeln in die Schüssel umfüllen.

Die Kirschtomaten waschen, halbieren und zum Spargel und den Nudeln geben.

Für das Dressing das Basilikum waschen, die Hälfte der Blätter abzupfen und zusammen mit dem Honig, dem Weißweinessig, 2 EL Wasser, dem Senf, 2 Prisen Salz und Pfeffer sowie dem übrigen Olivenöl (4 EL) mit einem Pürierstab glatt mixen. Die Mischung über den Salat gießen, vermengen und bei Bedarf mit mehr Salz würzen.

Die Mandelblättchen in einer Pfanne ohne Fettzugabe anrösten und über den Salat streuen. Die übrigen Basilikumblätter klein zupfen und über den Salat geben. Den Burrata abtropfen lassen, über den Salat zupfen und servieren.

Reisnudelsalat mit Garnelen

Für 4 Personen
Zubereitungszeit: 30 Minuten

100 g Reisbandnudeln
150 g kleine gegarte, geschälte Garnelen
2 Karotten
2 kleine, feste Salatgurken
100 g Zuckerschoten
3 Stängel frischer Koriander
Saft von 1 Limette
1 fingerdickes Stück Ingwer (ca. 3 cm)
1 Chilischote
3 EL Sojasauce
1 EL brauner Zucker
2 Prisen Salz
2 Prisen frisch gemahlener Pfeffer
2 EL geröstetes Sesamöl
2 TL weiße und schwarze Sesamsamen

Die Reisbandnudeln nach Packungsangabe in kochendem Wasser garen. Die Garnelen in ein Küchensieb geben und in das Spülbecken stellen. Beim Abgießen der Reisnudeln die Garnelen mit dem kochenden Wasser überbrühen. Beides gut abtropfen lassen und in eine Schüssel geben.

Die Karotten waschen, putzen und in dünne Scheiben schneiden. Die Gurken waschen, der Länge nach halbieren und in dünne Streifen schneiden. Die Zuckerschoten waschen und ebenfalls in dünne Streifen schneiden. Den Koriander waschen, trockentupfen und hacken.

Für das Dressing den Limettensaft in eine kleine Schüssel geben. Den Ingwer schälen und dazureiben. Die Chilischote waschen und in Ringe schneiden. Die Ingwer-Limetten-Mischung, den Chili, die Sojasauce, den braunen Zucker, das Salz, den Pfeffer und das Sesamöl glatt rühren.

Die Reisbandnudeln mit den Garnelen, dem Dressing, dem Gemüse und dem Koriander vermengen.

Den Salat mit Sesam bestreuen und servieren.

Spätzle-Salat

Für 4 Personen
Zubereitungszeit: 30 Minuten

500 g frische Spätzle (aus dem Frischeregal)
Salz
400 g Champignons
1 Knoblauchzehe
3 Zweige frischer Thymian
2 EL neutrales Speiseöl
3 Stängel frische glatte Petersilie
frisch gemahlener Pfeffer
1 Schalotte
250 ml Mildes Kräuterdressing (siehe Seite 16)
2 Frühlingszwiebeln

Die Spätzle nach Packungsangabe in kochendem, leicht gesalzenem Wasser garen, abgießen und in eine Schüssel geben.

Während die Spätzle garen, die Champignons putzen, mit einer Pilzbürste säubern und vierteln. Den Knoblauch abziehen und hacken. Den Thymian waschen, trockentupfen und die Blätter abzupfen.

Das Speiseöl in einer Pfanne erhitzen. Die Pilze, den Knoblauch und den Thymian darin unter gelegentlichem Rühren braun braten. Die Petersilie waschen, trockentupfen, hacken und unter die Pilze mengen. Den Pfanneninhalt kräftig mit Salz und Pfeffer würzen und zu den Spätzle geben.

Die Schalotte abziehen, fein würfen und unter das Kräuterdressing rühren. Den Salat damit marinieren.

Die Frühlingszwiebeln putzen, waschen und in feine Röllchen schneiden. Den Salat vor dem Servieren damit bestreuen.

Tortellini-Salat

Für 4 Personen
Zubereitungszeit: 20 Minuten

1 Packung frische kleine Tortellini (500 g, aus dem Frischeregal)
Salz
2 EL Pinienkerne
3 rote und gelbe Flaschentomaten (oder andere Tomatensorten)
150 g Mini-Mozzarella
4 in Öl eingelegte getrocknete Tomaten + 4 EL des Einlegeöls
3 EL Weißweinessig
1 TL Kapern
1 Prise Zucker
2 Prisen frisch gemahlener Pfeffer
4 Stängel frisches Basilikum

Die Tortellini in reichlich kochendem, gut gesalzenem Wasser nach Packungsangabe garen. Anschließend abgießen und abtropfen lassen.

Die Pinienkerne in einer Pfanne ohne Fettzugabe goldbraun anrösten und danach sofort umfüllen.

Die Tomaten waschen, die Blütenansätze herausschneiden und das Fruchtfleisch würfeln. Die Mozzarellakugeln abtropfen lassen und halbieren.

Tortellini, Tomaten und Mozzarella in eine Schüssel geben.

Für das Dressing die getrockneten Tomaten mit dem Einlegeöl, dem Weißweinessig, den Kapern, dem Zucker, ½ TL Salz und dem Pfeffer in einem hohen Gefäß mit dem Pürierstab glatt mixen. Den Salat damit marinieren.

Das Basilikum waschen, trockentupfen und wie auch die Pinienkerne über den Salat streuen.

Blattsalate mit Detail

Rucola mit Kernen und Trauben

Für 4–6 Personen
Zubereitungszeit: 20 Minuten

250 g helle und dunkle Trauben
2 Schalotten
2 EL Zucker
3 EL Aceto balsamico
Salz
frisch gemahlener Pfeffer
1 Zweig frischer Rosmarin
50 g Salatkerne-Mischung
Meersalzflocken
200 g Rucola
Saft von ½ Zitrone
2 TL flüssiger Honig
3 EL Rapskernöl

Die Trauben waschen und halbieren. Die Kerne können, müssen aber nicht entfernt werden. Die Schalotten abziehen und in Streifen schneiden.

Den Zucker in einer Pfanne karamellisieren, die Schalotten darin anschwitzen, mit Balsamico und 2 EL Wasser ablöschen und 5 Minuten einkochen lassen. Dann mit Salz und Pfeffer würzen. Sobald die Sauce sämig ist, die Trauben zugeben und kurz darin erwärmen. Anschließend umfüllen und abkühlen lassen.

Den Rosmarin waschen, trockentupfen, die Nadeln abzupfen und hacken. Die Salatkerne in einer Pfanne ohne Fettzugabe anrösten, kurz vor Schluss den Rosmarin und 1 gute Prise Meersalzflocken zugeben. In eine Schale umfüllen und abkühlen lassen.

Den Rucola waschen, trockenschleudern und verlesen.

Für das Dressing den Zitronensaft mit dem Honig, 1 Prise Salz und dem Rapskernöl verrühren. Den Rucola und die karamellisierten Trauben auf einer Platte verteilen, die Salatkerne darüberstreuen. Alles mit dem Dressing beträufeln und sofort servieren.

Kopfsalat mit Zitronendressing

Für 4 Personen
Zubereitungszeit: 20 Minuten

1 großer Kopfsalat
1 Bund Schnittlauch
Saft von ½ Zitrone
1 TL Zucker
1 Prise Salz
2 EL Rapskernöl

Den Strunk des Kopfsalats keilförmig herausschneiden und die Blätter vereinzeln. Die Salatblätter gründlich waschen und trockenschleudern. Größere Blätter in mundgerechte Stücke zupfen und in eine Schüssel geben.

Für das Dressing den Schnittlauch waschen, trockentupfen und in Röllchen schneiden. Den Zitronensaft in einer Schale mit dem Zucker, 2 EL Wasser, dem Salz, dem Rapskernöl und dem Schnittlauch verrühren.

Den Kopfsalat erst kurz vor dem Servieren mit dem Dressing mischen.

TIPP

Für eine fruchtig-herbe Note zusätzlich einige Zitronenzesten mit ins Dressing geben.

Eichblattsalat mit Nektarine und Haselnussdressing

Für 4 Personen
Zubereitungszeit: 20 Minuten
Garzeit: 5 Minuten

1 Eichblattsalat
1 Schalotte
1 Zweig frischer Rosmarin
2 Nektarinen
1 EL flüssiger Honig zum Karamellisieren der Nektarinen + 1 TL für das Dressing
2 EL Weißweinessig
Salz
2 Prisen frisch gemahlener Pfeffer
2 EL Haselnussöl
3 EL Haselnussblättchen

Den Strunk des Salats keilförmig herausschneiden und die Blätter vereinzeln. In reichlich kaltem Wasser gründlich waschen und trockenschleudern. Die Salatblätter in mundgerechte Stücke zupfen.

Die Schalotte abziehen und würfeln. Den Rosmarin waschen, trockentupfen und die Nadeln abzupfen. Die Nektarinen waschen, halbieren, den Stein entfernen und das Fruchtfleisch in Spalten schneiden.

Die Nektarinen mit dem Rosmarin in einer heißen Pfanne ohne Fettzugabe kurz anbraten, bis sie leicht gebräunt sind und der enthaltene Zucker karamellisiert. Den Honig darüberträufeln und die Nektarinen in der Pfanne leicht schwenken. Die Nektarinen aus der Pfanne nehmen und beiseitestellen. Die Pfanne vom Herd nehmen.

Für das Dressing die Schalotte, den Weißweinessig, 2 Prisen Salz, den Pfeffer und 1 TL Honig in die warme Pfanne geben, verrühren und das Haselnussöl untermischen. Den Salat mit dem Dressing marinieren und zusammen mit den Nektarinenspalten auf einer Platte anrichten.

Die Haselnussblättchen kurz in einer Pfanne ohne Fettzugabe anrösten, leicht salzen und über den Salat streuen. Sofort servieren.

Bittersalat mit Granatapfel

Für 4–6 Personen
Zubereitungszeit: 20 Minuten

1 kleiner Radicchio
2 Chicorée
½ Endivie
½ Granatapfel
2 EL Granatapfelsirup
2 TL Ahornsirup
2 Prisen Salz
2 EL Olivenöl
2 EL Kürbiskerne

Den Radicchio, den Chicorée und die Endivie putzen, die Blätter vereinzeln und waschen. Gut trockenschleudern, in mundgerechte Stücke teilen und in einer Schüssel mischen.

Den Granatapfel an den Seiten aufschneiden, aufbrechen und die Kerne herauslösen.

Den Granatapfelsirup mit dem Ahornsirup, dem Salz und dem Olivenöl verrühren.

Die Kürbiskerne in einer Pfanne ohne Fettzugabe anrösten und zum Abkühlen umfüllen.

Den Salat mit dem Dressing marinieren und mit den Kürbiskernen bestreut servieren.

TIPP
Zu den Bitterstoffen im Salat passt auch das Balsamicodressing von Seite 16.

Chicorée-Salat mit Birne und Haselnüssen

Für 4 Personen
Zubereitungszeit: 30 Minuten

50 g Haselnussblättchen
2 EL Zucker
2 EL weißer Balsamico
2 EL Apfelsaft
2 Prisen Salz
3 EL Olivenöl
4 Chicorée
2 reife Birnen
4 Zweige frischer Thymian

Die Haselnussblättchen in einer Pfanne ohne Fettzugabe leicht anrösten. Den Zucker darüberstreuen und die Nüsse in der Pfanne schwenken, bis sie mit Karamell überzogen sind. Auf ein Stück Backpapier geben und abkühlen lassen.

Für das Dressing die Karamellreste in der Pfanne mit dem Balsamico ablöschen. Den Apfelsaft zusammen mit dem Salz zugeben und 1–2 Minuten einkochen. Den Sud abkühlen lassen und dann mit dem Olivenöl verrühren.

Die Chicorée der Länge nach vierteln und in lauwarmem Wasser waschen. Gut trockentupfen und auf einer Platte auslegen.

Die Birnen waschen, vom Kerngehäuse befreien und in Scheiben schneiden. Die Birnen auf der Platte mit dem Chicorée verteilen. Das Dressing über den Salat träufeln.

Das Haselnusskaramell grob hacken. Den Thymian waschen, trockentupfen und die Blätter abzupfen. Beides zuletzt über den Salat streuen und servieren.

TIPP

Versuchen Sie den Salat einmal mit dem Fruchtigen Dressing von Seite 17. Verwenden Sie als Fruchtsaft Birnensaft.

Feldsalat mit Röstzwiebeln und Pfirsichdressing

Für 4–6 Personen
Zubereitungszeit: 20 Minuten

2 Zwiebeln
Salz
1 Msp. Kreuzkümmelpulver
2 EL Kichererbsenmehl
1 reifer Pfirsich
150 ml Fruchtiges Dressing mit Pfirsichpüree (siehe Seite 17, die halbe Menge zubereiten)
200 g Feldsalat
200 ml neutrales Pflanzenöl

Für die Röstzwiebeln die Zwiebeln abziehen und in dünne Spalten schneiden. Mit 2 Prisen Salz, dem Kreuzkümmelpulver und dem Kichererbsenmehl in eine Vorratsdose geben. Die Dose mit einem dicht schließenden Deckel verschließen und kräftig schütteln, sodass sich alle Zutaten gut mischen. Die Mischung 10 Minuten Wasser ziehen lassen.

Den Pfirsich waschen, halbieren und den Stein entfernen. Die Hälfte des Pfirsichs würfeln und in einer Pfanne mit 2 EL Wasser erhitzen. Das Wasser einkochen lassen, danach die Pfanne beiseitestellen. Die zweite Pfirsichhälfte pürieren und für das fruchtige Dressing verwenden (siehe Seite 17).

Den Feldsalat verlesen und putzen, gründlich waschen und trockenschleudern.

Das Öl in einem schmalen Topf erhitzen. Die Zwiebelmischung mit einer Gabel nochmals gründlich vermengen. Bei Bedarf 1–2 TL Wasser untermischen. Die Zwiebeln in kleinen Portionen im heißen Öl knusprig ausbacken und auf Küchenpapier abtropfen lassen.

Den Feldsalat auf einer Platte verteilen und mit dem Dressing beträufeln. Die Pfirsichwürfel zugeben und die Röstzwiebeln darauf verteilen. Frisch servieren.

Die Röstzwiebeln erinnern an indische Pakora, dort wird Gemüse in einem Kichererbsenteig knusprig ausgebacken und als Snack oder Vorspeise serviert. Das Kichererbsenmehl verleiht dem Gemüse und in diesem Rezept den Zwiebeln eine sehr knusprige Hülle. Eine tolle Ergänzung zum zarten Feldsalat.

Lollo rosso mit Himbeerdressing

Für 4–6 Personen
Zubereitungszeit: 20 Minuten

1 Kopf Lollo rosso
150 g frische Himbeeren für den Salat + mehr für das Dressing
150 ml Fruchtiges Dressing mit Himbeeren (siehe Seite 17, die halbe Menge zubereiten)

Den Strunk des Salats keilförmig herausschneiden, die Blätter vereinzeln und in reichlich kaltem Wasser gründlich waschen. Trockenschleudern und in mundgerechte Stücke zupfen.

Die Himbeeren verlesen, kurz kalt abbrausen und vorsichtig trockentupfen

Den Salat mit dem Dressing marinieren. Die Himbeeren auf dem Salat verteilen und servieren.

TIPPS
Das Dressing lässt sich auch mit tiefgekühlten Himbeeren zubereiten. Diese dann kurz erhitzen, durch ein Sieb streichen und das Dressing wie im Rezept auf Seite 17 beschrieben zubereiten.

Anstelle der frischen Himbeeren für den Salat können auch andere Früchte, die saisonal erhältlich sind, verwendet werden. Es passen unter anderem frische Feigen, Trauben, Rote Johannisbeeren oder Granatapfel.

Spinatsalat mit Gelber Bete

Für 4–6 Personen
Zubereitungszeit: 20 Minuten + Einlegen am Vortag
Garzeit: ca. 15 Minuten

FÜR DIE EINGELEGTE BETE (AM VORTAG)
3 Knollen Gelbe Bete (alternativ Ringelbete)
2 gehäufte EL Zucker
6 EL Weißweinessig
1 TL Salz
3 TL Senfkörner

FÜR DEN SALAT
200 g Babyspinat
50 g Pankobrösel
2 EL Olivenöl
50 g Parmesan
150 ml Alltagsdressing (siehe Seite 15)

Für die eingelegte Bete die Gelbe-Bete-Knollen waschen, schälen und in dünne Scheiben hobeln. Den Zucker, den Weißweinessig, das Salz, die Senfkörner und 200 ml Wasser in einem Topf aufkochen. Die Scheiben in diesem Sud 3 Minuten garen, dann samt Sud in ein sauberes Glas umfüllen und verschlossen über Nacht durchziehen lassen.

Für den Salat den Spinat verlesen, waschen und trockenschleudern. Die Pankobrösel in einer Pfanne im heißen Olivenöl anrösten. Den Parmesan dazureiben und kurz mit anrösten. Zum Abkühlen umfüllen.

Die Betescheiben auf Tellern auslegen, den Spinat darauf verteilen und mit dem Alltagsdressing beträufeln. Zuletzt die Pankobrösel über dem Salat verteilen und servieren.

Gefüllte Salatschiffchen

Für 4–6 Personen
Zubereitungszeit: 30 Minuten
Garzeit: 10 Minuten

2 Auberginen
Salz
3 EL Olivenöl
3 EL Instant-Couscous
500 g griechischer Joghurt
1 TL edelsüßes Paprikapulver
1 TL Kurkumapulver
1 Salatgurke
3 Stängel Koriander
Saft von 1 Limette
2 TL helle und schwarze Sesamsamen
frisch gemahlener Pfeffer
4–5 Romanasalatherzen

Die Auberginen waschen, die Enden abschneiden und das Fruchtfleisch würfeln. Mit 1 TL Salz und dem Olivenöl mischen und 10 Minuten stehen lassen.

Inzwischen den Couscous in einer Schale mit 5 EL kochendem Wasser übergießen und 5 Minuten quellen lassen. Anschließend mit einer Gabel auflockern und abkühlen lassen.

In einer Schüssel den Joghurt mit 3 Prisen Salz, dem Paprika- und dem Kurkumapulver verrühren und den Couscous untermischen.

Die Salatgurke waschen und klein würfeln. Den Koriander waschen, trockentupfen und fein hacken. Die Gurkenwürfel mit dem Limettensaft, dem Koriander und 1 Prise Salz mischen.

Die Auberginenwürfel in einer Pfanne 10 Minuten unter regelmäßigem Wenden braun braten. Zuletzt die Sesamsamen zugeben und die Auberginen mit Pfeffer würzen.

Die Salatblätter vereinzeln, waschen und trockenschleudern.

Zum Servieren alle vorbereiteten Zutaten in Schalen bereitstellen. Die Salatblätter füllt sich am Tisch jeder selbst.

TIPP

Für weitere Varianten kann verschiedenes Gemüse in kleinen Würfeln angeboten werden, auch Nüsse und Kerne oder geraspelter Halloumi oder Feta passen sehr gut.

Roter Kopfsalat mit Tahin-Apfel-Dressing

Für 4–6 Personen
Zubereitungszeit: 20 Minuten

1 roter Kopfsalat
1 gehäufter TL helles Tahin (helles Sesammus)
2 EL Apfelsaft
1 gehäufter TL Honig
2 EL Weißweinessig
3 EL Olivenöl
2 Prisen Salz
2 Prisen frisch gemahlener Pfeffer
1 kleiner rotschaliger Apfel
Saft von ½ Zitrone
2 TL Sesamsamen

Den Strunk des Kopfsalats keilförmig herausschneiden und die Blätter in reichlich kaltem Wasser waschen. Trockenschleudern und in mundgerechte Stücke zupfen.

Für das Tahin-Apfel-Dressing das Tahin, den Apfelsaft, den Honig, den Weißweinessig, das Olivenöl, das Salz und den Pfeffer mit dem Schneebesen verrühren oder mit dem Pürierstab glatt mixen.

Den Apfel waschen, entkernen und klein würfeln. Die Würfel mit dem Zitronensaft vermischen.

Den Salat in eine Schüssel geben und mit dem Dressing marinieren. Die Apfelwürfel und den Sesam darüberstreuen und servieren.

Gemüse-salate

Mediterraner Gemüsesalat

Für 6–8 Personen
Zubereitungszeit: 45 Minuten
Garzeit: 20 Minuten

2 Zucchini
2 Auberginen
2 rote Paprikaschoten
2 gelbe Paprikaschoten
1 Zwiebel
Salz
5 EL Olivenöl
5 Zweige frischer Thymian
2 Zweige frischer Rosmarin
2 Knoblauchzehen
3 EL Weißweinessig
1 TL Zucker
frisch gemahlener Pfeffer

Die Zucchini und die Auberginen waschen, die Enden abschneiden und das Gemüse in Scheiben schneiden.

Die Paprikaschoten waschen und vierteln. Stiel, Samen und weiße Trennwände entfernen. Die Schoten in Streifen schneiden. Die Zwiebel abziehen und in Spalten schneiden.

Die Zucchinischeiben, die Auberginenscheiben, die Paprikastreifen und Zwiebelspalten in einer Schüssel mit 1 TL Salz und 3 EL Olivenöl vermengen. Anschließend 10 Minuten ziehen lassen. Danach in einer großen Pfanne 10 Minuten unter Wenden anbraten. Je nach Größe der Pfanne in mehreren Portionen braten.

Den Thymian und Rosmarin waschen, trockentupfen, die Blätter bzw. Nadeln abzupfen und hacken. Den Knoblauch abziehen und hacken. Die Kräuter, den Knoblauch, den Essig, den Zucker sowie das übrige Olivenöl (2 EL) zum Gemüse geben. Mit Salz und Pfeffer abschmecken.

Die Mischung umfüllen und lauwarm abkühlen lassen. Das Gemüse zum Servieren auf einer Platte verteilen und servieren.

Melonen-Gurken-Salat mit Feta

Für 4–6 Personen
Zubereitungszeit: 20 Minuten

1 Wassermelone
1 Cantaloupe-Melone
4 kleine türkische Gurken
1 Chilischote
½ Granatapfel
3 Stängel frische Minze
Saft von 2 Limetten
4 EL Olivenöl
Meersalzflocken
frisch gemahlener Pfeffer
1 Feta (ca. 150 g)

Beide Melonen schälen und die Cantaloupe-Melone zusätzlich entkernen, beide Sorten würfeln. Die Gurken waschen und in Scheiben schneiden. Melonenwürfel und Gurkenscheiben auf einer Platte oder auf Tellern verteilen.

Die Chilischote waschen und in Ringe schneiden. Die Kerne des Granatapfels auslösen. Die Minze waschen, trockentupfen und die Blätter abzupfen. Die Granatapfelkerne, die Chiliringe und die Minze zum Salat geben. Mit dem Limettensaft beträufeln und das Olivenöl darübergeben. Mit Meersalzflocken und Pfeffer würzen.

Zuletzt den Feta zerbröckeln, über den Melonen-Gurken-Salat streuen und servieren.

Würziger Spargelsalat

Für 4–6 Personen
Zubereitungszeit: 30 Minuten
Garzeit: 5–7 Minuten
Durchziehen: 30 Minuten

2 Bund weißer Spargel (à 500 g)
4 EL Olivenöl + etwas mehr zum Rösten des Fladenbrots
2 Schalotten
80 g Rauchsalzmandelkerne
50 g getrocknete Cranberrys
3 EL weißer Balsamico
1 TL Zucker
2–3 Prisen Salz
2–3 Prisen frisch gemahlener Pfeffer
4 libanesische Fladenbrote
4 Stängel frische Minze

Den Spargel waschen, schälen und in 2 cm breite Stücke schneiden. 2 EL Olivenöl in einer Pfanne erhitzen und den Spargel darin 5 Minuten unter Wenden anbraten. Anschließend in eine Schüssel umfüllen.

Die Schalotten abziehen, halbieren und in Streifen schneiden. Die Mandelkerne hacken. Schalotten, Mandeln und Cranberrys zum Spargel geben.

Den Balsamico, das übrige Olivenöl (2 EL), den Zucker, das Salz und den Pfeffer hinzufügen. Alle Zutaten gründlich vermengen und den Salat etwa 30 Minuten durchziehen lassen.

Die Fladenbrote in kleine Stücke schneiden, in einer Pfanne in etwas Olivenöl kurz anrösten und zum Salat geben. Die Minze waschen, trockentupfen, die Blätter über den Salat zupfen und servieren.

Kohlrabisalat

Für 4 Personen
Zubereitungszeit: 20 Minuten

100 g Perlgraupen
Salz
2 Kohlrabi
1 Bund Radieschen
100 g frische Erbsenschoten
3 EL Apfelessig
2 TL körniger Senf
1 TL flüssiger Honig
2 Prisen frisch gemahlener Pfeffer
3 EL Rapskernöl
3 Stängel frischer Dill

Die Perlgraupen in einem Sieb waschen und in einem Topf mit reichlich Wasser bedeckt aufkochen, leicht salzen und 25 Minuten bei mittlerer Temperatur garen. Anschließend in ein Sieb abgießen und kalt abspülen.

Die Kohlrabi waschen, schälen und in dünne Streifen schneiden. Die Radieschen putzen, waschen und in Scheiben schneiden. Die Erbsenkerne aus den Schoten lösen. Kohlrabi, Radieschen, Erbsen und Perlgraupen in einer Schüssel vermengen.

Für das Dressing den Apfelessig mit dem Senf, dem Honig, 2 Prisen Salz, dem Pfeffer sowie dem Rapskernöl verrühren. Den Salat damit marinieren.

Den Dill abbrausen, die Blätter hacken und über den Salat streuen.

Bunter Bohnensalat

Für 4–6 Personen
Zubereitungszeit: 45 Minuten
Durchziehen: 1–2 Stunden

250 g Schnippelbohnen (alternativ grüne Bohnen)
Salz
1 Dose Wachtelbohnen oder weiße Bohnen (240 g Abtropfgewicht)
1 Dose rote Bohnen (250 g Abtropfgewicht)
1 rote Zwiebel
4 EL Weißweinessig
1 EL Zucker
1 TL Senfkörner
3 Stängel frischer Dill
250 g Kirschtomaten
2 EL Rapsöl
frisch gemahlener Pfeffer

Die Schnippelbohnen putzen, waschen und in mundgerechte Stücke schneiden. Anschließend in kochendem, gut gesalzenem Wasser etwa 5 Minuten bissfest garen. Dann abgießen, kalt abschrecken und in eine Schüssel umfüllen.

Alle Dosen-Bohnenkerne in ein Sieb abgießen und abspülen. Die Zwiebel abziehen und würfeln. Die Bohnenkerne und die Zwiebel zu den Schnippelbohnen geben.

Für die Marinade den Essig mit 4 EL Wasser, dem Zucker, 1 TL Salz und den Senfkörnern in einem Topf aufkochen. Die Mischung heiß über die Bohnen gießen und 10 Minuten ziehen lassen.

Den Dill waschen, trockentupfen und hacken. Die Kirschtomaten waschen und halbieren.

Dill, Tomaten und das Rapsöl zum Bohnensalat geben. Mit Salz und Pfeffer nachwürzen und kräftig abschmecken. 1–2 Stunden durchziehen lassen und anschließend servieren.

Avocado-Mais-Salat mit Koriander

Für 4–6 Personen
Zubereitungszeit: 20 Minuten

3 Avocados
4 Tomaten
1 kleine Dose Mais
(140 g Abtropfgewicht)
1 rote Zwiebel
1 fingerdickes Stück Ingwer
(ca. 2 cm)
1 TL Chiliflocken
Saft von 1 Limette
1 TL flüssiger Honig
3 EL Olivenöl
Salz
frisch gemahlener Pfeffer
1 Bund Koriander
2 EL Erdnusskerne

Die Avocados halbieren, die Steine herauslösen und das Fruchtfleisch mit einem Esslöffel herausheben. Die Schalen zum Servieren aufbewahren. Das Avocadofruchtfleisch würfeln und in eine Schüssel geben.

Die Tomaten waschen, die Blütenansätze herausschneiden und das Fruchtfleisch würfeln. Die Maiskörner abgießen und abbrausen. Beides zum Avocadofruchtfleisch geben.

Die Zwiebel abziehen und in Spalten schneiden. Den Ingwer schälen und reiben. Die Zwiebel, den Ingwer, die Chiliflocken, den Limettensaft, den Honig, das Olivenöl, etwas Salz und Pfeffer zum Salat geben und vermengen.

Den Salat in den Avocadoschalen verteilen. Den übrigen Salat in einer Schüssel anrichten. Den Koriander waschen, trockentupfen und klein hacken.

Zuletzt die Erdnüsse und den Koriander auf den Salat streuen und servieren.

Zucchini-Mango-Salat

Für 4 Personen
Zubereitungszeit: 20 Minuten

3 Zucchini
1 reife Mango mit festem Fruchtfleisch
2 EL Reisessig
2 EL Olivenöl
2 Prisen Salz
2 Prisen frisch gemahlener Pfeffer
1 TL Ahornsirup
100 g Halloumi
2 TL Zatar (orientalisches Gewürz)

Die Zucchini waschen und mit dem Sparschäler in dünne Streifen schneiden. Die Mango schälen, das Fruchtfleisch vom Kern trennen und ebenfalls in dünne Streifen schneiden. Dafür empfiehlt sich zum Beispiel ein Sparschäler mit Julienneaufsatz.

Die Zucchini und die Mango in einer Schüssel mit dem Reisessig, dem Olivenöl, dem Salz, dem Pfeffer und dem Ahornsirup marinieren.

Den Zucchini-Mango-Salat auf einer Platte oder mehreren Tellern verteilen. Den Halloumi darüberraspeln, mit Zatar bestreuen und servieren.

Indischer Karotten-Apfel-Salat

Für 4–6 Personen
Zubereitungszeit: 20 Minuten

500 g Karotten
2 Äpfel
Saft von 1 Limette
1 TL Koriandersaat
1 TL Kreuzkümmelsamen
2 Kardamomkapseln
25 g Mandelstifte
4 Stängel frische Petersilie
Saft von 1 Orange
1 TL flüssiger Honig
2 EL Rapsöl
2 Prisen Salz
2 Prisen frisch gemahlener Pfeffer
1 TL Schwarzkümmelsamen

Die Karotten und die Äpfel waschen, schälen und in dünne Scheiben schneiden. Beides in einer Schüssel mit dem Limettensaft vermischen.

Für das Dressing die Koriandersaat, die Kreuzkümmelsamen und die ausgelösten Kardamomsamen in einer Pfanne ohne Fettzugabe anrösten. Anschließend in einen Mörser umfüllen und kurz abkühlen lassen.

Die Mandeln in derselben Pfanne ohne Fettzugabe Farbe annehmen lassen. Umfüllen und beiseitestellen. Die Petersilie waschen und trockentupfen. Die Blätter abzupfen und grob hacken.

Die abgekühlten Gewürze im Mörser zerstoßen und in einer Schale mit dem Orangensaft, dem Honig, dem Öl, dem Salz, dem Pfeffer und dem Schwarzkümmel verrühren. Das Dressing zum Salat geben und unterheben.

Die Petersilie und die Mandeln über den Salat streuen und servieren.

Rotkohlsalat

Für 6–8 Personen
Zubereitungszeit: 20 Minuten
Durchziehen: mind. 2–3 Stunden (oder über Nacht)

1 mittelgroßer Kopf Rotkohl
2 TL Zucker + nach Geschmack mehr
Salz
3 EL Apfelessig + nach Geschmack mehr
2 EL Rapskernöl
1 Apfel
1 Zweig frischer Rosmarin
50 g Erdnusskerne

Den Rotkohl putzen, vierteln, den Strunk herausschneiden und den Kohl in feine Streifen raspeln. In einer Schüssel mit dem Zucker, 1 TL Salz und dem Essig vermengen und kräftig kneten, bis reichlich Flüssigkeit aus dem Kohl ausgetreten ist. Abgedeckt mindestens 2–3 Stunden, besser über Nacht, durchziehen lassen.

Nach dem Durchziehen das Öl mit dem Rotkohl vermischen. Nach Geschmack mit etwas Salz, Zucker oder Essig nachwürzen. Den Apfel waschen und würfeln. Den Rosmarin waschen, die Nadeln abzupfen und hacken.

Die Erdnusskerne und den Rosmarin in einer Pfanne ohne Fettzugabe kurz anrösten. Die Kerne und die Apfelwürfel über den Rotkohlsalat streuen und servieren.

Cole Slaw

Für 4–6 Personen
Zubereitungszeit: 30 Minuten
Durchziehen: 2–3 Stunden (oder über Nacht)

1 mittelgroßer Kopf Weißkohl
3 Karotten
Salz
100 g Mayonnaise
Saft von 1 Zitrone
1 TL Zucker
1 TL getrockneter Oregano
2–3 Prisen frisch gemahlener Pfeffer
1 Bund Petersilie

Den Weißkohl putzen, waschen, vierteln und den Strunk herausschneiden. Den Kohl in feine Streifen raspeln und in eine Schüssel geben. Die Karotten waschen, schälen und zum Weißkohl raspeln. 1 TL Salz zugeben und den Kohl kräftig kneten, bis er schön geschmeidig wird.

Für die Salatsauce die Mayonnaise mit dem Zitronensaft, dem Zucker, dem Oregano, ½ TL Salz und dem Pfeffer verrühren, zum Weißkohl geben und alles gründlich vermengen. Die Petersilie waschen, trockentupfen, hacken und untermischen.

Den Cole Slaw abgedeckt im Kühlschrank 2–3 Stunden (oder auch über Nacht) durchziehen lassen.

TIPP
Schmeckt besonders gut mit Grillkäse.

Kürbissalat mit Grapefruit

Für 4–6 Personen
Zubereitungszeit: 30 Minuten

1 Hokkaidokürbis
3 EL Olivenöl
Salz
1 dünne Stange Lauch
4 EL Kürbiskerne
2 Grapefruits
2 TL flüssiger Honig
1 TL milder Senf
2 Prisen frisch gemahlener Pfeffer

Den Kürbis waschen, entkernen und in mundgerechte Stücke schneiden. 2 EL Olivenöl in einer Pfanne erhitzen und den Kürbis darin 5 Minuten unter gelegentlichem Wenden braun anbraten. Mit Salz würzen, einen Schuss Wasser angießen und die Kürbiswürfel bei geschlossenem Deckel einige Minuten garen, bis sie weich sind.

Den Lauch waschen, putzen und in dünne Ringe schneiden. Die Kürbisspalten auf eine Pfannenseite schieben. Auf der freien Fläche das übrige Olivenöl (1 EL) verteilen und den Lauch und die Kürbiskerne darin anbraten. Danach den Pfanneninhalt in eine Schüssel umfüllen und lauwarm abkühlen lassen.

Die Grapefruits so schälen, dass die Schale und die gesamte weiße Haut entfernt werden. Die Filets zwischen den Trennwänden herausschneiden und klein zupfen. Dabei den abtropfenden Saft auffangen und die Fruchtfleischreste gründlich auspressen. Den Grapefruitsaft mit dem Honig, dem Senf, 2 Prisen Salz und dem Pfeffer zu einem Dressing verrühren.

Den lauwarmen Kürbis mit dem Dressing vermengen und die Grapefruitfilets zugeben. Sofort servieren.

Gurke fünfmal anders

Klassischer Gurkensalat mit Dillrahm

Für 4 Personen

Zubereitungszeit: 15 Minuten

2 Salatgurken
Salz
1 Bund Dill
2 EL saure Sahne
2 Prisen Zucker
1 EL Weißweinessig

Die Gurken waschen und in dünne Scheiben hobeln. In einer Schüssel mit ½ TL Salz vermengen und 10 Minuten Wasser ziehen lassen.

Den Dill waschen, trockentupfen und hacken.

Für die Salatsauce die saure Sahne mit dem Zucker, dem Essig und dem Dill verrühren.

Die Gurken abgießen und mit dem Sauerrahm-dressing vermengen.

Zuletzt nach Geschmack mit etwas Salz abschmecken und servieren.

Gurkensalat süßsauer

Für 4 Personen

Zubereitungszeit: 15 Minuten

2 Salatgurken
½ TL Salz
1 TL Zucker
2 EL Weißweinessig
1 EL Rapskernöl
1 Prise frisch gemahlener Pfeffer
1 Bund Schnittlauch

Die Gurken waschen und in dünne Scheiben hobeln. In einer Schüssel mit dem Salz vermengen und 10 Minuten Wasser ziehen lassen.

Anschließend abgießen und mit dem Zucker, dem Essig, dem Rapskernöl und dem Pfeffer mischen.

Den Schnittlauch waschen, trockenschütteln und in Röllchen schneiden. Unterheben und den Salat servieren.

Scharfer Gurken-Ananas-Salat

Für 4 Personen
Zubereitungszeit: 15 Minuten

1 Babyananas
4 kleine türkische Gurken
1 rote Chilischote
2 Frühlingszwiebeln
Saft von 1 Limette
1 TL Ahornsirup
2 EL Sojasauce
2 EL geröstetes Sesamöl
2 Prisen Salz
50 g Erdnusskerne

Die Ananas schälen und würfeln. Die Gurken waschen, der Länge nach halbieren und würfeln. Die Chilischote waschen, die Kerne entfernen und die Schote hacken. Die Frühlingszwiebeln putzen, waschen und in feine Ringe schneiden.

In einer Schüssel den Chili, die Frühlingszwiebeln, den Limettensaft, den Ahornsirup, die Sojasauce, das Sesamöl und das Salz verrühren. Die Ananas und die Gurken zugeben und alles vermengen.

Die Erdnusskerne hacken und zum Salat geben. Frisch servieren.

Sunomono – Japanischer Gurkensalat mit Algen

Für 4–6 Personen
Zubereitungszeit: 25 Minuten
Durchziehen: über Nacht

10 kleine Gurken (z. B. Snackgurken oder türkische Gurken)
1 gestr. TL Salz
2 TL frisch gepresster Zitronensaft (von ca. ½ Zitrone)
2 EL Sojasauce
2 EL Reisessig
2 EL Mirin (süßer Reiswein)
3 TL getrocknete Wakame-Algen
2 TL schwarze Sesamsamen
2 TL weiße Sesamsamen

Die Gurken waschen und in Scheiben hobeln. In einer Schüssel mit dem Salz und dem Zitronensaft vermischen, gut durchkneten und über Nacht abgedeckt im Kühlschrank ziehen lassen. Am nächsten Tag die Sojasauce, den Reisessig und das Mirin in einem kleinen Topf aufkochen, 1 Minute köcheln lassen und zum Abkühlen beiseitestellen. Die Wakame-Algen in einer Schüssel mit warmem Wasser einweichen, 5 Minuten ziehen lassen, dann abgießen und klein schneiden.

Die durchgezogenen Gurken abgießen und in einer Schüssel mit den Algen, dem aufgekochten Soja-Reisessig-Sud und den Sesamsamen vermengen. Frisch servieren.

Raita – Indischer Gurken-Joghurt-Salat

Für 4–6 Personen
Zubereitungszeit: 20 Minuten

1 Salatgurke
1 fingerdickes Stück Ingwer (3 cm)
2 Knoblauchzehen
1 TL Senfkörner
1 TL Kreuzkümmelsamen
½ TL Chiliflocken
Saft von 1 Zitrone
1 TL Salz
1 EL Olivenöl
500 g griechischer Joghurt
frisch gemahlener Pfeffer

Die Gurke waschen und würfeln. Den Ingwer schälen, den Knoblauch abziehen und beides fein hacken.

Die Gewürze in einer Pfanne ohne Fettzugabe anrösten, anschließend etwas abkühlen lassen und im Mörser zerstoßen.

Die Gurkenwürfel mit dem Ingwer, dem Knoblauch, den Gewürzen, dem Zitronensaft, dem Salz sowie dem Olivenöl verrühren.

Den Joghurt in einer flachen Schale verteilen, das Raita daraufgeben und mit Pfeffer bestreut servieren.

Rezeptregister

Über die Autorin

Susann Kreihe entwickelt seit vielen Jahren mit Leidenschaft kreative und passgenaue Rezepte. Ihre Kreationen erscheinen regelmäßig in Kochbüchern und Zeitschriften verschiedener Verlage. Neben der Arbeit als Rezeptautorin ist die gelernte Köchin und Betriebswirtin für Hotellerie und Gastronomie auch als Ghostwriterin für bekannte Spitzenköche tätig.

Ihre langjährige Erfahrung als Rezeptautorin und ausgebildete Köchin bringt sie auch in ihre Foodfotografie ein, wenn sie dafür die Gerichte mit Liebe zum Detail in Szene setzt.

Auf www.gerichte-werkstatt.de schreibt sie über die schönen Seiten des Lebens: Kochen und Genießen.

Impressum

Produktmanagement: Stefanie Gückstock
Redaktion: Lena Denu
Korrektorat: Constanze Lüdicke
Layout: Marcus Taeschner, a flock of sheep
Umschlaggestaltung: Dominik Günzinger
Repro: LUDWIG:media
Herstellung: Julia Hegele
Printed in Poland by CGS Printing.

Texte, Rezepte: Susann Kreihe
Fotografie und Styling: Susann Kreihe, mit Ausnahme von Seite 88 oben links (Unsplash/Klara Kulikova), Seite 88 oben rechts (Unsplash/Alisa Golovinska), Seite 88 unten (Shutterstock/Gayvoronskaya_Yana), Seite 124 oben links (Shutterstock/barmalini), Seite 124 oben rechts (Shutterstock/Alina Nikitaeva), Seite 124 unten (Shutterstock/Valentina_G), Seite 150 (Melissa Engel).

Unser komplettes Programm finden Sie unter

www.christian-verlag.de

★★★★★

Sind Sie mit diesem Titel zufrieden? Dann würden wir uns über Ihre Weiterempfehlung freuen. Erzählen Sie es im Freundeskreis, berichten Sie Ihrem Buchhändler, oder bewerten Sie nach Onlinekauf.

Und wenn Sie Kritik, Korrekturen, Aktualisierungen haben, freuen wir uns über Ihre Nachricht an Christian Verlag GmbH, Postfach 40 02 09, D-80702 München oder per E-Mail an lektorat@verlagshaus.de.

Die Deutsche Nationalbibliothek verzeichnet diese Publikation in der Deutschen Nationalbibliografie; detaillierte bibliografische Daten sind im Internet über http://dnb.d-nb.de abrufbar.

Infanteriestraße 11a
80797 München

ISBN: 978-3-95961-858-8

Ebenfalls erhältlich ...

ISBN 978-3-95961-672-0

ISBN 978-3-95961-403-0

ISBN 978-3-95961-817-5

ISBN 978-3-95961-671-3

CHRISTIAN

www.christian-verlag.de